Körpersprache

Erfolgreich Menschen lesen durch Körperhaltung und nonverbale Kommunikation. Manipulationstechniken durch Rhetorik, Ausstrahlung und Psychologie erkennen und selbstbewusst anwenden

Inhaltsverzeichnis

EINLEITUNG – DIE DEFINITION DER KÖRPERSPRACHE 9

DIE DEFINITION 9
WAS HAT UNSERE MIMIK ZU SAGEN? 12

WAS BEINHALTET DIE KÖRPERSPRACHE? 13

DIE ARTEN DER KÖRPERSPRACHE 14

DIE UNBEWUSSTEN SIGNALE UNSERES KÖRPERS DEUTEN 14
DIE BEWUSSTEN SIGNALE UNSERES KÖRPERS 14

KÖRPERSPRACHE IM BERUF 15

WIE TEILE ICH MICH IN EINER GESPRÄCHSRUNDE MIT? 17

DIE GOLDENEN REGELN DER KÖRPERSPRACHE 19

ARME 19
AUGENKONTAKT 19
DISTANZ 20
HÄNDEDRUCK 20
HÄNDE 20
KÖRPERHALTUNG 20
LÄCHELN 21
SITZEN 21
STANDFESTIGKEIT 21
VISITENKARTEN 21

WIE VERBESSERE ICH MEINE AUßENWIRKUNG? 22

DER ERSTE EINDRUCK ZÄHLT 22
VERTRAUENSWÜRDIGKEIT 22
SOZIALER STATUS 23
EINE GUTE AUSSTRAHLUNG HILFT BEI DER KARRIERE 23
DAS KUNDENGESPRÄCH 23
TIPPS FÜR DIE BESSERE AUSSTRAHLUNG 23
WIE WIRKE ICH AUF ANDERE? 23
DIE KÖRPERSPRACHE VERBESSERN 24
DER GANG 24
KLEIDUNG 24

Die Ausdrucksweise 24
Verantwortung übernehmen 25
Die positive Grundhaltung vermitteln 25
Verbindlichkeit überzeugt 25
Die Umgangsformen beherrschen 26
Der Körper ist der schlechteste Lügner 26

DIE KÖRPERSPRACHE RICHTIG DEUTEN 28

So lernen Sie andere gut zu lesen 29
Beherrschen Sie daher Folgendes aus dem FF: 29
Gehen wir auf ein Szenario im Geschäftsleben ein..30
Nutzen Sie die Körpersprache richtig 31
Wie Sie die Körpersprache der Chefs deuten können 33
Dazu ein paar sehr praktische Beispiele, die Sie bei einem Chef beobachten können 34
Die positive Körpersprache..34
Die negative Körpersprache 34
Erfolgreich sein mit der Körpersprache 35

SIND SIE EIN REDNERTYP? 37

Ein paar Tipps, wie Sie erfolgreich Reden halten 37
Der Schüchterne 37
Der Schaumschläger 38
Der Ausdruckslose 38
Der Eigenbrötler..39
Der Zerstreute 39

DER KÖRPER LÜGT NIE, DIE ZUNGE SCHON 40

Warum lügt man eigentlich?..43
Die Augenbewegungen beim Lügen 45
Körpersprache – die Mimik und Gestik beim Lügen 45
Sprache und Stimme beim Lügen 46
Die Befragung und das Verhör 48
Die Stimmlage und Sprache..48

DIE KÖRPERSPRACHE UND DIE MANIPULATION 50

Was sind Manipulationstechniken? 52
So setzen Sie die Manipulationstechniken ein 53
Kompromisse finden 54

Dazu zwei Beispiele: 54
Die Wahlmöglichkeiten aufzeigen 55
Hier zwei Beispiele dazu: 55
Kompetenzen beschreiben 55
Konsequenzen darstellen 56
Wertungskriterien anbieten 56

DIE RHETORIK UND DIE KÖRPERSPRACHE ARBEITEN HAND IN HAND 57

Vor der Klasse sprechen 57
Folgende Tipps stehen Ihnen dazu parat 61

KÖRPERSPRACHE UND NLP 62

KÖRPERSPRACHE – MITARBEITERFÜHRUNG UND FÜHRUNGSKRAFT 64

Mimik 65
Abstand 65
Gestik 65
Körperhaltung 66
Tonfall 66
Tipps für eine gute Führungskraft 67

DIE KÖRPERSPRACHE GANZ PRIVAT 68

Die Partnerschaft 70
Die Familie 71
Freunde 71

KÖRPERSPRACHE – MÄNNER VERSTEHEN 72

Mimik 72
Dazu ein paar Tipps, wie eine erst nonverbale Kommunikation abläuft 73
Wie weiß man, ob ein Mann Interesse an einer Frau hat? 73
Diese Zeichen der Ablehnung kann ein Mann mit der Körpersprache ins Rampenlicht stellen: 75
Tipps für das erste Date 75

KÖRPERSPRACHE – FRAUEN VERSTEHEN 77

Wie merke ich, ob eine Frau meine Gefühle erwidert? 77
Die Mimik 78
Es gibt noch weitere Indizien, die wortlos vonstattengehen 78
Die Signale der Frau, die mehr sagen, als man denkt 79

Tipps für das erste Date 81

KÖRPERSPRACHE – FLIRT UND ANMACHE 82

Signale, die sehr vielversprechend sind 82

Welche Signale deuten auf eine Abfuhr hin? 83

SCHLUSSTEIL 93

Die Körpersprache – Die Kommunikation der Sinne 93

NÄHE UND DISTANZ 94

Besondere Distanzzone 94

Intime Distanzzone 94

Persönliche Distanzzone 94

Öffentliche Distanzzone 94

SCHLUSSWORT 95

DIE SCHÖNSTEN GEDICHTE UND ZITATE ÜBER KOMMUNIKATION 96

IMPRESSUM 101

Nicht immer ist das gesprochene Wort überzeugend. Der größte Teil der Kommunikation läuft nonverbal ab. Gerade Verkäufer setzen 90 Prozent nonverbal ein, denn die Körpersprache ist ihr Kommunikationselement. Das gehört zu ihrer Verkaufsstrategie. So vereinen sich die Kleidung, Accessoires, die Mimik und Gestik, von der Körperhaltung mal ganz zu schweigen. Diese persönlichen Elemente fließen wohlwollend mit ein.

Die Definition

Die situativen Elemente machen eine Kommunikation aus und nicht immer das gesprochene Wort. Dieser komplexe Prozess der Informationsübermittlung findet in mehreren Phasen statt. Wir möchten uns mitteilen und beginnen schon vor dem eigentlichen Gespräch zu kommunizieren. Wir nehmen die Stimmung des anderen auf und reagieren unweigerlich mit unserer Körpersprache darauf. So gibt es einen Sender und einen Empfänger bei der Übermittlung von Botschaften und jeder ist ein Teil davon. Wir verstehen uns praktisch ohne Worte.

Den Anfang macht somit die nonverbale Kommunikation, die eine Endcodierung darstellt. Wir teilen uns über unsere Haltung, Mimik und Gestik mit, dann setzen wir mit Worten an. In mancher Hinsicht läuft das völlig unbewusst ab und ist ein großer Teil von uns. Möchten wir uns mitteilen, findet eine Kommunikationskette statt, die in Informationen, Diskussionen und Vorträgen endet. Ob vorbereitet oder nicht, wir teilen uns einfach mit.

Menschen, die im Berufsleben stehen (nehmen wir uns hier mal die Manager und Verkäufer zur Brust), binden die Körpersprache stets mit ein. Ein Sprachrohr der Extraklasse. Dabei wirken wir authentischer und ehrlicher als mit Worten. In der Körpersprache verstellen wir uns nicht. Meist tritt sie auch ganz spontan infolge einer Reaktion auf. Wir wirken somit echter und emotionaler. So bezieht auch die Gestik alle Signale der

Körpersprache ein. Man kann uns sehr gut lesen, teilen wir wortlos bestimmte Stimmungslagen, Gemütszustände und Denkhaltungen mit. Wir lügen somit einfacher mit Worten als nonverbal.

Wenn man so will, unterliegen wir alle einem bestimmten Körpercode. Dazu ein Auszug aus www.computerwoche.de, der sich mit der Körpersprache befasst.

Geste	Bedeutung
häufiges Abnehmen der Brille	Nervosität
Achselzucken	Ratlosigkeit
Arme vor der Brust verschränkt	Schutzhaltung, man ist nicht bereit, sich der Idee, der Einstellung oder dem Gesagten des Gesprächspartners zu öffnen
schnelles, gepresstes Ausatmen	innere Erregung
Begrüßung mit weit ausgestrecktem Arm	Distanz, Ablehnung
Beine beim Sitzen parallel gestellt oder fest aneinander gedrückt	innere Anspannung, Verkrampfung, Angst
Beine um die Stuhlbeine geschlungen	innere Anspannung, Angst
Beine beim Sitzen breit auseinander	selbstbewusst, unbekümmert
Finger zeigt auf die andere Person	Schuldzuweisung, Angriff
mit den Fingern trommeln	Ungeduld, Nervosität
auf den Fußspitzen stehen	Arroganz, Person möchte größer erscheinen als sie tatsächlich ist
sich mit der Hand in das Haar fahren	innere Anspannung, Eitelkeit
Hand beim Sitzen unter die Oberschenkel geschoben	Unsicherheit, Angst
Hand umklammert die Armlehne des Stuhles	verkrampfte Haltung, Angst
Hand vor dem Mund gehalten (beim Sprechen)	Worte sollen zurückgehalten oder die Wahrheit nicht ausgesprochen werden
Hand vor dem Mund gehalten (nach dem Sprechen)	das Gesagte soll zurückgenommen werden
Hand zur Faust geballt	Wut, Anspannung, Verdeutlichung des eigenen Standpunkts
Hände am Jackenrevers	Halt suchend, Unsicherheit
Hände in den Taschen	locker, unangebrachte Lässigkeit
Hände leicht angehoben	Unterbrechungsgeste
Hände reiben	selbstzufrieden, selbstgefällig
weicher, kraftloser Händedruck	Desinteresse, mangelnder Tatendrang, Unsicherheit
Kopf vom Gesprächspartner weggedreht	Desinteresse, um in Ruhe überlegen zu können
Oberkörper zurückgelehnt	Entspannung, Desinteresse
Schultern hochgezogen mit dem Zeigen leerer Hände	Ratlosigkeit und Demonstration der eigenen Machtlosigkeit
Sitzhaltung auf der Stuhlkante	Unsicherheit, Angst, jederzeit zur Flucht bereit
Sitzhaltung genüsslich zurückgelehnt	Selbstsicherheit bis Arroganz
Stirn hochgezogen mit Faltenbildung	Anspannung
erhobener Zeigefinger	Belehrung, Rechthaberei

Mimik	Bedeutung
Augen weit offen	besondere Aufmerksamkeit, Aufnahmebereitschaft, Sympathie
Augen zugekniffen	Abwehrhaltung
Augenkontakt wird vermieden	Desinteresse, Ende des Gesprächs
Blick in Richtung Boden	Niedergeschlagenheit, Mutlosigkeit, evtl. auch Überlegen
Blick in Richtung Decke	Nachdenken, Überdenken
Blick wandert über die Person	Ab- und Einschätzung des anderen
häufiger Blickkontakt	Sympathie
Blickkontakt mit erweiterten Pupillen	Freude
Blickkontakt mit starrem Blick	feindselige Haltung
die Augenbrauen heben	Erstaunen, Aufmerksamkeit
die Mundwinkel senken	Missbilligung, Abwertung
die Lippen zusammenpressen	Anspannung, Reserviertheit, Verbohrtheit
an den Lippen kauen	Ratlosigkeit, Verlegenheit, Unsicherheit
Stirnrunzeln	Zweifel, Nachdenklichkeit

Schnell merkt man: Wir teilen uns ganz automatisch mit.

Was hat unsere Mimik zu sagen?

Die Gestik betrifft eher den Körper, die Mimik den Gesichtsausdruck. Vor allem den Mund, die Augen sowie die darin enthaltenen Pupillen und die Stirnfalten fließen mit ein. Das Gesicht ist im Gespräch demzufolge der Fixierpunkt und schon hier kommt das erste Gebot der Höflichkeit auf: Man sollte den anderen nicht einfach so anstarren.

Die Mimik stellt somit ein probates Mittel in der Signalaussendung und deren Übermittlung dar. Damit wird die Kommunikation feinjustiert. Verlassen wir uns nur auf die gesagten Worte, hätten wir uns nicht mehr viel zu sagen. Im Zwischenmenschlichen kommt es daher immer auf die Körpersprache an.

Wir können oftmals Worte falsch verstehen. Die nonverbale Kommunikation allerdings nicht. Daher geben wir mit unserer Persönlichkeit, der Mimik, Gestik und unserem Kleidungsstil ein Gesamtbild ab. Das macht uns wiederum zu einem Unikum, das uns als Individuum auszeichnet.

Was beinhaltet die Körpersprache?

In Betrachtung der Gesamtheit ist die Körpersprache ein Puzzle aus vielen kommunikativen Eigenschaften. Dies drückt sich in unserem Habitus, unserem Erscheinungsbild, der Körperhaltung, Mimik und Gestik aus. Unbewusste wie auch bewusste Aussagen treten unverkennbar hervor. Wir verständigen uns ohne Worte und lassen dennoch kommunikativ unsere Botschaften verbreiten, denn wir äußern uns nonverbal.

Im geschäftlichen Bereich gehören alle Formen dazu und schließen die Sitzposition und Haltung sowie den Händedruck und Blick mit ein. Schon ein Kopfnicken kann mehr bewirken, als wir verbal ausdrücken können. Somit treten auch die Mikroexpressionen hervor, die sich als Makro- und Mikrosignale verstehen. Dabei sind die Makrosignale recht offensichtlich zu erkennen. Mit technischen Hilfsmitteln wie der Zeitlupenaufnahme sind wiederum die Mikrosignale nachzuweisen. Diese Art der Körpersprache nehmen wir nicht bewusst wahr.

Ständig geben wir uns nonverbal preis. Das mag mit dem Spiel der Hände beginnen. Die Finger sind unruhig und auch der erste Blickkontakt steht im Fokus des Geschehens. Das Gegenüber liest uns wie ein offenes Buch. Ob wir Distanz oder Nähe suchen, all das teilt die Körperhaltung mit. Wir bilden eine Einheit und somit stellen wir uns auch einheitlich dar. Das Gesamtbild und unsere Erscheinung sind die Visitenkarte eines jeden.

Die unbewussten Signale unseres Körpers deuten

In einem Gespräch, Streit oder in unserer Gefühlswelt stellen sich ganz unbewusste Gesten ein. Fast reflexartig treten sie hervor. Es ist nicht nur die Reaktion auf eine bestimmte Sache, es ist ein ehrliches Empfinden. Das drücken wir sofort und ohne nachzudenken aus. Oftmals entstehen diese unbewussten Signale bei einer Überbringung von schlechten Neuigkeiten. Wir reagieren sofort und das meist ohne jegliche Kontrolle über uns.

Bei freudigen Überraschungen ist dies auch der Fall, aber tritt auch bei Spannung und Angst auf. Unser Körper teilt sich somit unbewusst mit.

Die bewussten Signale unseres Körpers

Ja, wir haben auch antrainierte Fähigkeiten. Diese äußern sich mit einem gezielten Blick, dem selbstbewussten Händedruck und dem allseits bekannten Pokerface. So kann jeder ohne Worte seine Schlüsse daraus ziehen. Das kennen wir aus der Eigenbetrachtung, der Gestik und der Beobachtung heraus. Die bewussten Signale sind immer gezielt und möchten eine Reaktion oder ein Vorhaben hervorrufen, ob bei einem Bewerbungsgespräch, der Kündigung oder bei einer Konferenz. Von Angesicht zu Angesicht in nonverbaler Version, so werden im Berufsleben Geschäfte gemacht. Man darf nur die Signale des Körpers nicht zu weit aus dem Fenster hängen, sonst legen wir unsere Gefühle und Gedanken gnadenlos offen. Ein geübter Beobachter kann uns besser lesen, als uns recht sein mag. Daher ist es wichtig, sich niemals bei Verhandlungen oder Auseinandersetzungen in die Karten schauen zu lassen. Setzen Sie sich professionell in Szene und das mit vollem Körpereinsatz.

Im Beruf weht ein rauer Wind. Da reicht die fachliche Kompetenz nicht immer aus. Man muss überzeugen und mit der Körpersprache den Weg des Erfolges gehen. Mit Worten kann man lügen, mit dem Körper nicht. Ein souveränes Auftreten ist demzufolge nicht verkehrt. Das Gesamtpaket der guten Eigenschaften sollte ebenfalls stimmig sein.

Wir sind von Natur aus eher oberflächlich und entscheiden in Sekundenschnelle über das Gegenüber, und das im positiven wie auch im negativen Sinne. Wir entscheiden in diesem Moment nicht über seine fachlichen Kompetenzen, sondern geben uns ganz dem ersten Eindruck hin. Die Körpersprache steht im Vordergrund und nicht das gesprochene Wort. Das zeigen wissenschaftliche Untersuchungen auf. Tritt ein Aspirant mit hilflosem Blick an, wird er kaum eine Managerposition erklimmen. Das, was in ihm steckt, ist nicht relevant, seine Körpersprache drückt all seine Hemmungen aus.

Das Gesagte steht ebenfalls nicht an erster Stelle. Es macht die Gestik aus und die kann oftmals liebreizend und charmant sein. Kommen dann noch die Mimik und Stimme hinzu, bilden diese Faktoren eine überzeugende Allianz. So könnte man im Beruf Schritt für Schritt die Erfolgsleiter erklimmen, ohne ein Mann großer Worte zu sein.

Nervosität, wie am Kopf kratzen und am Stuhl herumrutschen, kommen im Berufsleben eher schlecht an. Ob Chefs oder Angestellte, man blamiert sich mit solchen Aktivitäten mehr, als man denkt, denn so zeigen Sie schon ohne Worte Ihre Unsicherheiten auf. Niemand ist perfekt und man möchte dennoch brillieren. Hier kann schon eine Übung vor dem Spiegel das Dilemma vermeiden. Stellen Sie sich ruhig davor und denken Sie, Sie sprechen vor dem Chef oder der versammelten Mannschaft. Beobachten Sie Ihre Körperhaltung und wie Sie sich selbst dabei empfinden. Schnell bemerkt man, ob man unsicher wirkt und ob man den Körper mehr sprechen lässt, als einem lieb ist. Er verselbständigt sich geradezu. Das muss nun in die bewussten, aber auch konstruktiven Abläufe übergehen. Verbessern Sie Ihre Haltung und den Ausdruck, das zeugt von einer gewissen Ausdruckskraft.

Hände verraten uns vieles. Um hier keine Schwäche zu zeigen, halten Sie einfach ein Schriftstück in der Hand. Das wirkt souverän und Ihre Hände haben etwas zu tun. Konzentrieren Sie sich auf Ihr Vorhaben und lassen Ihren Körper bewusst in den Vordergrund treten. Denn unser Körper schweigt nie und spricht die ungesagten Worte aus. Der Seelenzustand liegt uns damit nicht nur auf den Lippen, er spiegelt sich in der Körpersprache deutlich wider. Viele Kommunikationstrainer arbeiten daran, um Menschen auf die Erfolgsspur zu bringen. Das ist keine Meisterleistung an sich, sondern hat etwas mit uns selbst zu tun. Denn manche Verhaltensweisen entstehen aus der Kindheit heraus und lassen sich nicht so einfach unter den Tisch kehren. Mit gewissen Hilfestellungen und zielgerichteten Übungen werden die Körpersprache und das eigene Ich neu definiert.

Die zwischenmenschliche Kommunikation findet daher auf allen Ebenen statt. Die Körpersprache ist eines der wichtigsten Teile davon und schwebt in einer völlig unbewussten Rolle, denn wir schenken ihr zu wenig Aufmerksamkeit. Dabei hat sie die Macht, Dinge zu verändern. Die verbale und nonverbale Kommunikation ist das, was uns letztendlich ausmacht.

Die Fauxpasliste dagegen ist lang und das fängt gerade im Berufsleben an. Wie gehen wir auf andere Menschen zu, wie betreten wir den Raum und war der Händedruck nicht eher wie ein kalter, nasser Waschlappen? Ohne Worte kann man vieles schon im Vorfeld „versauen".

Ebenso ist das Leben eine Haltungsfrage. Gehen Sie eher selbstbewusst und aufrecht oder so, als hätten sie etwas verbrochen? Denken Sie an den Gang der Schuldigen (in einer Firma ist es das bekannte Opferlamm). Sie haben Ihre Körperhaltung und Körpersprache durchaus in der Hand. Sie müssen nur an sich üben und sich selbst die Chance für mehr im Leben zu geben.

Wie teile ich mich in einer Gesprächsrunde mit?

Sie ist nicht mit dem Stammtisch zu verwechseln und sollte daher auch nicht feuchtfröhlich vonstattengehen. Wahren Sie die Distanz und positionieren Sie sich situationsbedingt. Achten Sie auf Ihre Größe und stellen sie nicht in den Vordergrund. Sprechen Sie Personen entweder gezielt an oder lassen Sie den Blick in die Runde schweifen. Nur starren Sie nicht einfach verschämt vor sich hin. Um sich gut mitzuteilen, ist die Körpersprache einfach perfekt. Wichtig ist auch, dass Sie nicht zu bedrohlich wirken, indem Sie sich beispielsweise vor einen Sitzenden stellen. Das hat eher etwas von einem Schulmeister an sich. Tragen Sie Ihr Vorhaben und Anliegen konkret vor, machen Sie Pausen beim Sprechen und betonen das Wichtige. Alle Augen und Ohren sind dabei auf Sie gerichtet. Bleiben Sie cool und drücken insbesondere Wesentliches untermalt mit Ihrer Körpersprache aus. Bleiben Sie aber stets auf Sicherheitsabstand.

Das A und O ist zwar der Blickkontakt, dennoch sollten Sie dabei nicht eine Person unentwegt anstarren. Das wirkt nicht einladend, sondern schreckt ab. Achten Sie zudem auf Ihre Augen und Augenbrauen, denn auch sie stehen im Fokus des Geschehens. Die Kopfhaltung ist dem Anlass entsprechend und sagt ebenfalls viel aus. Sie kann somit positiv wie auch negativ sein. Bei einer Besprechung und Konferenz benötigen Sie freie Sicht. Damit Sie mit Ihrem Gegenüber problemlos Blickkontakt halten können, sollten die Haare das Gesicht nicht verdecken!

Die vielen Kleinigkeiten machen das große Ganze aus. Wie man beispielsweise ein Blatt in den Händen hält, seinen Kaffee trinkt. Aber auch eine kleine Unsicherheit kann sehr sympathisch sein. Das zeigt das Menschliche in uns auf. Perfektion hin, Perfektion her, die Persönlichkeit eines jeden macht den Menschen aus. Es ist demzufolge gar nicht so einfach, den eigenen Körper unter Kontrolle zu halten. Auch das vegetative Nervensystem macht uns durchaus einen Strich durch die Rechnung, kann aber auch zum Vorteil sein Unwesen treiben. Das unbemerkte Zwinkern mit den Augen ist schon ein wenig verräterisch. Übrigens kann man einiges an der Größe der Pupille ablesen: Sie zeigt einen typischen Ausdruck bei Erregung an, was man nicht kontrollieren kann. Zudem haben wir uns ein Körpersprachmuster im Laufe der Zeit angelegt. In diesem Geflecht liegt die Wiege unserer Kindheit. Gerade daraus entstehen unsere Handlungs- und Denkweisen. Daher sollte man bei Unsicherheiten im Beruf und Alltagsleben einem Profi seine Defizite preisgeben. So können Sie an Schwachstellen arbeiten und bei Gesprächen gleich welcher Art Ihre wahre Körpergröße aufzeigen.

Egal wo wir sind, die nonverbale Kommunikation begleitet uns, wo wir gehen und stehen. Es kommt vor, dass sie das Gegenteil ausdrückt von dem, was wir sagen. Daher steht sie im Mittelpunkt und ist wichtiger als gedacht. Wir senden Signale und drücken uns ganz ohne Worte aus. Nachstehend lesen Sie die goldenen Regeln für einen besseren nonverbalen Austausch, der Ihnen zum Erfolg verhelfen kann.

Arme

Was haben Arme in welcher Stellung und Haltung zu sagen?

- Werden Sie vor der Brust verschränkt, signalisieren die Arme eher eine defensive Schutz- oder Abwehrhaltung. Sie treten somit als Barriere hervor.
- Verschwinden die Arme hinter dem Kopf und sind die Hände im Nacken verschränkt und die Ellbogen fein säuberlich nach außen gestreckt, dann heißt es, ich bin der Platzhirsch am Tisch und strotze nur so vor Selbstbewusstsein.
- Dann gibt es noch die Variante der Ellenbogen, denn deuten die in Richtung Gesprächspartner, heißt das nichts anderes, als er soll nicht zu nahe kommen.
- Eine aufkommende Wut oder Aggression kann darauf hindeuten, dass sich das Gegenüber mitten im Gespräch plötzlich intuitiv an den Oberarm greift.

Augenkontakt

Entspannt blicken und nicht starren, aber dennoch den Gesprächspartner gut im Auge behalten, das macht die nonverbale Kommunikation im Eigentlichen aus. Wichtig ist dennoch, seinem Gegenüber in die Augen schauen zu können. Sonst wirken Sie unsicher und befangen.

Distanz

Rücken Sie niemandem auf die Pelle und schenken Sie sich und anderen die Raumblase. Wir alle leben unbewusst damit. Ansonsten betreten wir den Persönlichkeitsbereich des anderen. Dabei gilt die Faustregel: Eine gestreckte Armlänge reicht aus und schenkt die nötige Individualdistanz. Zu viel Nähe wird mit einem Abwehrverhalten quittiert.

Händedruck

Der erste Körperkontakt zwischen zwei Menschen ist nicht der Kuss, nein, im Geschäftsleben ist es das Handschütteln. Es ist nicht banal, denn es sagt mehr als tausend Worte aus. Klingt so einfach, ist es aber nicht. Wie gebe ich die Hand richtig, ohne plump oder unsicher zu wirken? Wichtig ist der goldene Mittelweg, ein kurzer kräftiger Druck und bitte nicht zu lange. Sie wollen sich ja nicht gegenseitig die Hände wärmen. Greifen Sie auch nicht nach der ganzen Hand, sondern nur den vorderen Teil bis zu den Fingern hin und nicht vergessen, dreimal schütteln reicht völlig aus. Und das nicht mit einem überschäumenden Temperament.

Hände

Schnell stellt man an den Händen fest, mit wem man es zu tun hat. Eine offene Person verschließt ihre Hände nicht. Hier werden die Finger nicht verschränkt, denn die Person ist offen für ein Gespräch und Neues. Werden die Hände dagegen verschlossen, treten die nonverbalen Waffen an, dies zeugt wiederum von einem Abwehrverhalten. Denkt jemand nach, so schmiegen sich die Fingerspitzen beider Hände sanft aneinander.

Körperhaltung

Treten Sie nicht gebückt in einen Raum, sondern gehen Sie gerade. Das soll nicht überheblich wirken, es zeigt eine gewisse Präsenz auf. Die Haltung zeugt von Standfestigkeit und bringt Selbstsicherheit mit. Bleiben Sie ruhig und gelassen und zeigen keine hektischen und aufgeregten Gesten. Ein ruhiges Wesen bringt eine beruhigende Wirkung mit sich.

Lächeln

Betreten Sie einen Raum – das kann bei einem Meeting oder einer Präsentation sein –, dann positionieren Sie sich erst einmal. Lächeln Sie entspannt in die Runde und lassen kurz alles auf sich wirken. Ein Lächeln überzeugt und regt die Sympathie der anderen an.

Sitzen

In einer geschäftlichen Runde ist ein Gespräch im Sitzen viel entspannter. Sitzen Sie bei der Verhandlung oder Unterhaltung in einem Winkel zwischen 30 und 60 Grad. So zeigt sich eine gewisse Gesprächsdistanz auf. Zudem sitzen Sie sich nicht frontal gegenüber. Demzufolge können sich beide Parteien überzeugender und authentischer zeigen. Das Ganze wirkt auch nicht so verkrampft.

Standfestigkeit

Es gibt Personen, die beim Reden mehr laufen, als Wichtiges zum Ausdruck zu bringen. Halten Sie eine Rede, müssen Sie nicht stocksteif dastehen und können sich bewegen. Nur sollte das immer im Rahmen bleiben. Versuchen Sie, sich der Menge verbal wie nonverbal mitzuteilen, das kann auch mit dem Flipchart sein. Wirken Sie überzeugend und bleiben Sie daher standfest.

Visitenkarten

Selbst im Zeitalter des Internets ist eine Visitenkarte ist ein traditionelles Vorstellungsprozedere. Der Klassiker, wenn man so will. Vergeben Sie eine Visitenkarte, dann ziehen Sie sie am besten aus einem Etui. Erhalten Sie eine, werfen Sie einen interessierten Blick darauf.

Wie man sieht, besteht die Geschäftswelt aus Regeln, die man immer höflich und anstandsvoll einhalten sollte. Ihre Körpersprache ist dabei das A und O.

Die Außenwirkung ist alles und mit Leistungsbereitschaft und Fachwissen eng verbunden. Eine Portion an selbstbewusster Ausstrahlung und schon steht man seinen „Mann“. Doch nicht jedem von uns sind diese Kriterien auch in die Wiege gelegt. Einige Faktoren müssen erlernt werden, brauchen Übung und Geduld. Es ist noch kein Meister vom Himmel gefallen. Wir beurteilen am Anfang nicht das, was im Menschen steckt, sondern wohl oder übel seine Fassade, die Außenwirkung, die dem Betrachter sofort ins Auge fällt, und das machen wir bei allem so. Beobachten Sie sich doch mal selbst. Hochglanzverpackungen, wie auch das Cover einer CD, ziehen magisch an. Menschen werden im gleichen Atemzug bewertet. Daher müssen wir alle in gewisser Weise zum Blender mutieren. Was dahintersteckt, ist anfangs egal. Mit ein paar erprobten Tipps verbessern auch Sie Ihre Außenwirkung, die Ihnen Erfolg bringen kann.

Der erste Eindruck zählt

Die Ausstrahlung ist entscheidend, ob man will oder nicht. So wie Sie sich geben, so werden Sie wahrgenommen. Hat man den ersten Eindruck versemmelt, erhält man nur selten eine zweite Chance. Und wenn, hat sich der erste Eindruck sogleich manifestiert. So ist das im Leben und das kann privat wie geschäftlich sein. Für genau diesen Eindruck brauchen wir nicht mal eine Zehntelsekunde. So schnell kann das gehen und entscheidet über Sieg oder Niederlage.

So entsteht der erste Eindruck und unterliegt zwei entscheidenden Faktoren:

Vertrauenswürdigkeit

Schnell entscheiden wir, ob uns ein Fremder sympathisch und vertrauenswürdig erscheint. Diese Einschätzung hängt mit dem evolutionären Ursprung zusammen. Seit Menschengedenken war es überlebenswichtig, schnell zwischen Freund und Feind zu entscheiden.

Dafür stehen die wesentlichen Signale bereit: Blickkontakt, Körpersprache und die Stimme.

Sozialer Status

Auch der soziale Rang, die Dominanz und Kompetenzen werden während der ersten Kontaktsekunden stark beurteilt. Nicht nur Kleider machen Leute, die Ausstrahlung ebenso und die kann uns durchaus in ihren Bann ziehen.

Eine gute Ausstrahlung hilft bei der Karriere

Eine professionelle Ausstrahlung kann im Berufsleben sehr hilfreich sein. Stellen Sie sich dazu folgendes Szenario vor:

Das Kundengespräch

Ein Kunde hat nur das Gefühl, gut aufgehoben zu sein, wenn man ihm souverän und professionell gegenübertritt. Das zeugt von Glaubwürdigkeit und dass man sein Handwerk versteht. Eine gute Ausstrahlung ist Gold wert und solche Menschen werden weiterempfohlen. Das bringt die guten Geschäfte mit sich.

Wirken Sie aber nie überheblich oder wie ein Besserwisser. Die Kunden möchten sich gut bei Ihnen fühlen und keinen Allwissenden vor der Nase haben.

Tipps für die bessere Ausstrahlung

Es gibt tatsächlich wahre Naturtalente, die werfen mit ihrer positiven Ausstrahlungskraft nur so um sich. Nur leider kann das die Mehrheit nicht von sich behaupten. Doch jeder von uns kann an seiner Ausstrahlungskraft feilen.

Wie wirke ich auf andere?

Machen Sie sich erst einmal bewusst, wie Sie auf andere wirken, und arbeiten Sie an Ihren Defiziten. Seien Sie dabei schonungslos mit sich selbst.

Die Körpersprache verbessern

Hängender Kopf und herabhängende Schultern? Na, so bügeln Sie Ihre Ausstrahlungskraft erst recht nieder. Zeigen Sie mehr Körperspannung und gehen aufrecht. Verwechseln Sie das nicht mit Hochnäsigkeit. Präsentieren Sie sich und wahren den Augenkontakt.

Der Gang

Wie man bei anderen ankommt, hängt auch vom Gangbild ab. Hier kommt ein Sprichwort sehr gut zum Tragen, das da lautet: „Wie Sie gehen, beeinflusst andere, die Sie wahrnehmen." Trippeln Sie z.B. vor sich hin, wirkt das eher unsicher. Ein Gang mit großen Schritten wirkt dagegen souverän. Auch das Tempo ist mit der Gangart entscheidend. Zu viel an Tempo wirkt eher gestresst und bringt Hektik mit sich. Ein zu langsamer Gang wirkt, als wüssten Sie nicht, wohin mit sich. Somit ist der zackige Gang das, was infrage kommt. Dadurch wirken Sie zielorientiert und motiviert. Der Gang spiegelt somit wider, ob wir mit beiden Beinen fest am Boden stehen.

Kleidung

Das kennen wir, dass Kleider Leute machen, und es ist auch etwas Wahres dran. Wir beurteilen Menschen nach dem, wie sie gekleidet sind. Das fällt uns als Allererstes auf und so treten wir Ihnen auch gegenüber. Somit müssen Sie sich immer entsprechend Ihrem Beruf mehr oder weniger angemessen kleiden. So vereinen Sie sich mit der Firma und geben ein gutes Gesamtbild ab. Muss es die Krawatte und der Anzug sein, dann begeben Sie sich in die Rolle hinein. Denn eine Jeans wirkt bei Weitem nicht so souverän wie ein Anzug. Stil muss eben sein. Privat dagegen können Sie wiederum ganz leger auftreten. Die Kleidung und die Körpersprache wie auch die verbale Kommunikation geben dann Ihre optimale Erscheinung ab. Übrigens hat gerade die Außenwirkung sehr viel mit Psychologie zu tun.

Die Ausdrucksweise

Unsere Ausstrahlung hängt unmittelbar mit unserer Ausdrucksweise zusammen. Da kann man schnell mal anders eingestuft werden, als man denkt. Wirken Sie optisch patent, kompetent und intelligent, kann sich das ändern, sofern Sie den Mund aufmachen. Ihr Ausdruck ist das A und O. *Hättest du doch geschwiegen ...* – Si tacuisses, philosophus mansisses – *dann wärst du ein Philosoph geblieben,* stöhnte schon Boethius. Trainieren Sie mehr Eloquenz, denn die Redekunst stellt letztendlich Ihren Marktwert dar. Strahlen Sie Selbstsicherheit gepaart mit einem guten Vokabular aus. Das können Sie durch viel Lesen und auch Reden trainieren. Das Wort Redekunst beinhaltet nicht umsonst das Wort Kunst. Gute Gespräche zu führen und sich richtig auszudrücken, kann nicht jeder von sich behaupten. Feilen Sie daher gekonnt an Ihrem Sprachschatz.

Verantwortung übernehmen

In dieser Rolle sieht sich nicht jeder gern. Immerhin geht es um etwas und dafür muss der Verantwortliche dann auch geradestehen. Wer eine professionelle Ausstrahlung aufzeigt, der kann auch mit Problemen besser umgehen. Einer, der nicht um den heißen Brei redet, sondern der das Kind beim Namen nennt. Jemand, der sich lösungsorientiert zeigt und zugleich einen kühlen Kopf behält. Diese Ausstrahlung und die Verantwortung übernehmen hat etwas mit der Größe und persönlichen Reife zu tun.

Die positive Grundhaltung vermitteln

Unsere aktuelle Gefühlslage schwingt nun mal die Gefühlslage mit und die ist nicht jeden Tag gleich. Somit müssen Sie eine positive Grundhaltung vermitteln, egal wie es in Ihnen aussieht. Achten Sie insbesondere auf Ihre Körperhaltung, denn die hat mehr zu sagen und kann auch mehr verraten, als man meint. Geben Sie immer ein positives Bild von sich ab, das pflegt den realistischen Optimismus und sie wirken sogleich aufgeschlossen, attraktiv und sympathisch.

Verbindlichkeit überzeugt

Was uns am meisten begeistert, ist die Zuverlässigkeit. Das deutet auf innere Stärke hin und zeigt auf, wir sind verbindlich. Somit sollten wir nichts versprechen, wenn wir es nicht halten können. Das könnte einen Vertrauensbruch darstellen. Ramponieren Sie nicht Ihr Image durch

Nichteinhaltungen, sondern werten Sie es durch Ihre überaus durchschnittliche Überzeugung und Ihr Talent auf.

Die Umgangsformen beherrschen

Die gute Kinderstube darf in unserem Leben nicht verloren gehen. Benimmregeln sind ebenfalls ein Muss und das im privaten wie geschäftlichen Bereich. Gute Umgangsformen stellen somit ein Grundgerüst dar und zeugen von einem kultivierten Umgang. Exzellente Manieren sind daher ein Muss und sollten auf der Tagesordnung stehen. Sie haben es damit um einiges leichter und wirken souverän.

Vieles im Leben entspringt der Psychologie. Gerade die Körperhaltung und Körpersprache sind mit ein Teil davon. Wir zeigen damit die Stärken und Schwächen auf und das unbewusst. Die Körpersprache ist leichter zu durchschauen als die Sprache an sich. Auch Worte können gewisse Unsicherheiten und die Stimmung verraten. Doch die Körpersprache verrät sich selbst, ohne dass wir immer Einfluss darauf haben. Sie stellt eine sofortige Reaktion auf eine Situation dar. Im Coaching wird seit Langem geübt, wie man seine Außenwirkung um einiges verbessert, ohne dass andere uns in- und auswendig studieren und uns besser kennen, als uns lieb ist. Wer möchte schon gerne gelesen werden? Dennoch können wir ohne große Worte andere Menschen lesen.

Obwohl die Körpersprache ein Teil von uns ist, wird sie in vielen Bereichen wenig beachtet. Genau das muss sich ändern, denn wir reagieren nun mal tagtäglich darauf, und ohne sie wäre eine Verständigung mehr als schwer. Ein komplexes Thema, das aber unsere Kompetenz und unsere Persönlichkeit widerspiegelt.

Der Körper ist der schlechteste Lügner

Seien Sie sich Ihrer mentalen und körperlichen Fähigkeiten bewusst, denn so teilen Sie sich anderen mit. Das kann bewusst wie auch unbewusst geschehen. Ihre Körpersprache ist ehrlich und dies zeigt unsere Ausdrucksweise auf. Sicher kann sich jeder von uns verstellen – können Sie Menschen aber gut lesen, schauen Sie einfach hinter die

Fassaden. Wir verraten uns oftmals schon durch Kleinigkeiten, ohne ein Wort gesprochen zu haben. Das kommt der Polizei und Kripo sehr zugute, denn so tappen Mörder und Verbrecher in die Falle. Sie haben sich durch ihre Körpersprache und Ausdrucksweise selbst verraten.

Es gibt auch Situationen, in denen wir uns blamieren oder den Faden verlieren. Unser Körper spricht in seiner Ausdrucksweise dann Bände. Auch wenn wir versuchen, uns stimmlich zu fangen, der Körper sagt etwas anderes aus. Daher ist es sehr interessant, die Körpersprache zu studieren, das bringt einen Heimvorteil mit sich. Seien Sie daher immer ein guter Beobachter. Ihre Außenwirkung ist Ihre Visitenkarte und mit dieser steht und fällt Ihr Marktwert. Üben Sie vor dem Spiegel, so erkennen Sie sehr schnell, wie Sie auf andere wirken oder ob Sie mit dieser Art und Weise in ein Fettnäpfchen treten.

Die Körpersprache ist ein spannendes Thema und wichtiger, als man denkt, vermitteln wir uns doch ständig über sie. Durch das Deuten können auch Sie die Gesten der anderen besser dechiffrieren. Wie bereits erwähnt, teilt sich unser Körper mit, auch wenn wir nichts sagen. Fiese Verräter sind dabei die Gestik wie auch Mimik und unser Gesicht spricht wortlos Bände. Ob wir die Nase rümpfen oder die Lippen kräuseln, es sind die sogenannten Mikrogesten, die wir von uns geben. Sie zeigen die wahren Gedanken und Gefühle in uns.

Die nonverbalen Signale geben Aufschluss darüber, ob wir etwas wollen oder nicht. Doch die Körpersprache kann auch zum Erfolgsfaktor werden und die Gesten der Macht darstellen. Auch wenn manche es für übertrieben halten, das ist es eben nicht. Ob Mensch oder Tier, wir vermitteln uns darüber auf unsere eigene Art und Weise. Überzeugen auch Sie dadurch und lernen gleichzeitig, andere besser zu lesen. Oftmals verrät der Körper im Vorfeld, was die Stimme uns letztendlich mitteilen will. So sind Sie von vornherein bestens gewappnet, können Ihre Strategien kurzfristig abändern und Ihre Chance nutzen. Menschen, die andere lesen können, sind heute an der Macht, das berichten auch die Kommunikationsforscher. Wir möchten einen Schritt weit voraus sein; das können wir aber nur, wenn wir die Körpersprache des anderen gut definieren können. Auch das ist eine sehr erfolgreiche Strategie und war früher schon überlebenswichtig.

Doch wie deutet man die anderen, ohne sie anzustarren und bewusst aufzufallen? Ist uns das nicht schon von Natur aus gegeben, oder haben wir es einfach nur verlernt? Viele Fragen, die sich da stellen, doch es geht einfacher als gedacht. Die Körpersprache ist weltweit einheitlich, denn wir müssen keine Fremdsprache beherrschen, um uns zu verstehen. Mit der Körpersprache drücken wir uns ohne Worte aus und sprechen dennoch die gleiche Sprache. Das können Worte in keinem Fall vorweisen.

So lernen Sie andere gut zu lesen

Lassen Sie sich von den sogenannten Power-Posen nicht allzu sehr beeindrucken. Meist sind sie nur Show und dienen der Beeindruckung, mehr nicht. Aber sie können das Selbstwertgefühl verändern, und nun achten Sie genau auf die Außenwirkung der anderen, die einen hohen Status und viel Macht aufzeigt:

- kräftige Stimme
- ein unverkrampftes Lächeln
- stille und aufrechte Kopfhaltung
- elegante und langsame Bewegungen

Die verräterischen Gesten dienen dem sogenannten Statusspiel, und das besonders im Geschäftsleben. Eines sei auch zu bedenken, wir lassen uns hier mehr von der Körperhaltung als vom Kleidungsstil beeinflussen. Die Körpersprache hat eine größere Macht, als man denkt. Mit Power-Posen kann man daher sehr erfolgreich auftreten und seine Position ins rechte Licht rücken. Kommen nun noch die richtigen und stimmigen Worte dazu, ist das Vorhaben perfekt. So ist auch schnell die Rangfolge bei Kollegen und Mitarbeitern geklärt. Wir lassen uns einschüchtern und unterwerfen uns in gewisser Weise dem Imponiergehabe. Ein Auftritt, der vielen lange in Erinnerung bleibt. Man wäre ja gerne selbst so, nur traut man sich diese Posen nicht wirklich zu.

Beherrschen Sie daher Folgendes aus dem FF:

Lächeln Sie auf ehrliche Art und Weise und nicht gekünstelt oder verkrampft.

Sitzen und gehen Sie aufrecht, das zeugt von einer niveauvollen Haltung und Stolz.

Dosiertes Auftreten ist wichtiger, als man denkt. Wer ständig präsent und erreichbar ist, hat es anscheinend nötiger, als man denkt. Das kommt dem Gockel auf dem Misthaufen gleich. Manche halten den Flur eines Büros geradezu für einen Laufsteg, nur ist er das natürlich nicht. Ist man in gehobener Position, delegiert man und läuft nicht ständig auf und ab. Achten Sie bei diesen Menschen insbesondere auf deren Körperhaltung. Das kann zu Ihrem großen Nutzen und Vorteil sein.

Zeigen Sie sich offen und niemals bedrückt oder unterwürfig. Diese Ausstrahlung öffnet Tür und Tor. Gehen Sie mit einem positiven Ausdruck auf die Menschen zu und lesen Sie deren Reaktion.

Gehen wir auf ein Szenario im Geschäftsleben ein

Ihr Chef bittet Sie zu einem Gespräch ins Büro. Es sitzt mit **gefalteten Händen** da und schweigt. Gefaltete Hände können Fluch und Segen bedeuten oder eine Denkerpose darstellen. Warten Sie nicht ab, fallen aber nicht mit der Tür ins Haus. Beginnen Sie mit dem Satz „Sie haben mich zum Termin bestellt" und reagieren nun situationsbedingt. Entweder „Was kann ich für Sie tun?" oder „Welches Anliegen betrifft das kurz anberaumte Meeting zwischen uns?" Nehmen Sie solch Situationen den Wind aus den Segeln und lesen Sie nichts von den Lippen ab. Die Körpersprache zählt und verrät im Vorfeld, was der Mensch denkt und uns mitteilen möchte.

Insbesondere der **Blickkontakt** hat es in sich. Man sieht es als Höflichkeit an, mit dem Gesprächspartner in Blickkontakt zu bleiben. Fixieren und Anstarren ist nicht angemessen. Wer aber selbstsicher ist, der hält an den Augen des anderen fest. Sie zeigen die Stimmung und Lage auf. Schaut das Gegenüber immer weg, so kommt das Gefühl auf, die Person ist entweder unsicher oder hat etwas zu verheimlichen. Nehmen Sie sogleich die Körpersprache wahr und achten Sie somit auf die kleinsten Kleinigkeiten.

Einige **Posen** rufen eine Abwehrreaktion hervor. Hier sollten Sie sich nicht geschmeichelt fühlen, sondern eher auf Abstand gehen. Wendet sich der Gesprächspartner mit dem Kopf ab und spricht, hat er Ihnen offensichtlich nicht direkt etwas zu sagen. Es kann aber auch sein, dass er sich zu sehr von Ihnen bedrängt fühlt. Beim Sitzen und auch im Stehen ist ein Abstand zu halten. Lassen Sie sich aber niemals durch die negativen

Gesten verunsichern, manche Menschen blocken auch bei gewissen Untersicherheiten ab.

Wer sich z.B. oft an die **Nase** fasst, denkt nicht immer nach, das kann auch eine Art Frustration darstellen, aber auch Stress bedeuten. Das Gegenüber fühlt sich vielleicht in seiner Rolle nicht wohl oder empfindet das Thema oder Gespräch als unangenehm.

Unsere **Arme** sind in vielen Situationen ein Schutzwall. Sie schützen uns und leiten die Körpersprache sein. Wir können mit ihnen mehr ausdrücken, als man denkt. Verschränken wir sie, kann das heißen, ich bin der Gewinner, da bitte Abstand halten. Achten Sie demzufolge auch auf die Körperhaltung.

Die **übertriebene Theatralik** spielt sich eher auf den großen Bühnen der Welt ab. Leider macht sie sich auch in der Berufswelt immer mehr breit, so, als stehe man vor der Kamera und dann wird eine Show abgezogen. Gehen Sie auf die Theatralik nicht sonderlich ein. Lassen Sie sich davon nicht übermannen und ignorieren Sie dieses Gehabe. Das ausholende Gestikulieren ist eher lächerlich. Lesen Sie die Person und schauen hinter ihre künstlerische Fassade.

Nutzen Sie die Körpersprache richtig

Die Körpersprache stellt unsere ungefilterten Emotionen dar und spiegelt unsere Gedankenwelt wider. Somit lässt sie auch tief blicken, und das wortlos, aber sehr sichtbar. Wir machen uns dadurch auch angreifbar. Im Geschäftsleben dürfen wir aber niemals zum Häufchen Elend mutieren. Somit müssen Sie Ihre Körpersprache bewusst einsetzen. Das lernt man sicher nicht von jetzt auf gleich, doch Sie werden immer besser. Sie müssen die anderen im Auge behalten und selbst ein gutes Bild abgeben. So baut sich eine gegenseitige Vertrauensbasis auf. Zeigen Sie Ihrem Gegenüber ruhig, was Sie von ihm denken. Da können Sätze fallen wie „Na, das macht aber nicht gerade den Anschein, oder? Sie wirken gerade etwas verunsichert, ist dem so?“ Der andere fühlt sich sogleich in seiner Gedankenwelt ertappt.

Setzen Sie nicht nur einen guten Kleidungsstil und Ihren Charme ein, sondern die Körpersprache mit all ihren Facetten. So gewinnen Sie schneller die Oberhand und durchschauen so manches Spiel, denn hoch gepokert wird in der Geschäftswelt allemal. Zeigen Sie keine Schwächen auf und überspielen Sie sie mit einem Lächeln, das kann die andere Seite wiederum irritieren. In der Körpersprache ist das Lächeln ein Multitalent.

Wer sich intensiv mit der Körpersprache beschäftigt, der kann von sich behaupten, ein Mensch mit talentierten Fähigkeiten zu sein. Des Weiteren dringt man damit tief in die Psyche des anderen ein. Oftmals reicht ein Blick aus, denn die Gestik und Mimik sind dabei ein sehr gutes Zusammenspiel. Bevor man nur ein Wort verliert, weiß der, der die Körpersprache beherrscht, mit wem er es zu tun hat. Seien Sie daher aufmerksam und lassen sich durch die Worte nicht beirren, der Körper spricht eher die Wahrheit aus. Die Wirkung der Körpersprache ist somit phänomenal und einzigartig und sollte viel mehr in den Vordergrund gestellt werden.

Viele Manager behaupten, dass gerade die Power-Posen auch den Stresspegel nach unten fahren. Setzen sich diese Menschen in Szene, so treten Sie überzeugend, energiegeladen und verlässlich auf. Die spezielle Gesten-Auswahl spricht hier für sich. Die Power-Posen sind nicht immer nur mit dem selbstsicheren Auftreten verbunden. Es geht auch darum, einfach mal die Füße auf den Tisch zu legen. Somit hat einer der Beteiligten fast schon die Schuhsohlen im Gesicht. Diese Power-Pose ist ein bisschen Angeberei und dient nicht gerade der Wertschätzung und dem Respekt. Dennoch kommt sie bei einigen gut an. Diese Pose muss jeder für sich entscheiden, denn sie kann auch mal ins Auge gehen. Aber als Chef ist das wohl oder übel erlaubt, umgekehrt jedoch eher nicht zu empfehlen.

Die Körpersprache ist somit kein Buch mit sieben Siegeln, sondern ein wortloser Austausch und für jedermann verständlich. Profitieren auch Sie davon und gehen mit der Körpersprache auf Erfolgskurs.

Wie Sie die Körpersprache der Chefs deuten können

Manchmal versteht man nur Bahnhof. Wer aber häufig mit der Chefetage zu tun hat, sollte mit anderen Wassern gewaschen sein. Vorgesetzte kennen nicht nur das Wortspiel, sie kennen auch die Power-Posen und die Körpersprache in- und auswendig. Gerade diese Chefs haben ihren Chefsessel den Machtgesten zu verdanken. Ein besonderes Talent, das zum Erfolg verhilft. Den Chef zu entziffern ist nicht nur nicht einfach, sondern manchmal ein Ding der Unmöglichkeit, lässt er sich doch so gar nicht in die Karten schauen. Sie, ohne Wissen über die Körpersprache, sind dieser Situation heillos ausgeliefert.

Drehen Sie den Spieß doch einfach um und nehmen das Zepter ein wenig selbst in die Hand. Das hat nichts mit Rätselraten und Orakeln zu tun. Lesen Sie ihn einfach, Sie werden sicher erstaunt sein. Spricht Ihr Chef zu Ihnen, bemerken Sie sehr schnell, ob seine Worte mit dem Gesagten übereinstimmen. Ist dies der Fall, entsteht eine ganzheitliche Harmonie. Ist dem nicht so, meint Ihr Chef nicht, was er sagt. Ein guter Anfang, wenn Sie im Beruf mehr erreichen wollen. Sie können so gekonnt argumentieren und gegensteuern. Auch wenn er anderes sagt, Sie wissen, was er denkt. Betrachten Sie dennoch die Körpersprache niemals isoliert. Fangen Sie die nonverbalen Botschaften ein und hören Sie zugleich auf das Gesagte. Zeigen Sie ruhig auf, dass Sie nicht ganz unwissend in diesem Bereich sind. Der Body-Code ist somit der Schlüssel, um hinter die Fassaden der anderen zu blicken. So fühlt sich auch ein Chef mal schnell und einfach entlarvt.

Dazu ein paar sehr praktische Beispiele, die Sie bei einem Chef beobachten können

Die positive Körpersprache

- Ihr Chef nimmt auf Ihrer physischen Ebene Platz. Das bedeutet, er setzt oder stellt sich zu Ihnen.
- Er behält Blickkontakt zu Ihnen, was von Interesse zeugt.
- Er betritt Ihr Büro und stellt sich nicht davor, dass zeugt von Vertrauen.
- Er zeigt seine offenen Hände und diese wirken ruhig und nicht ausladend.
- Er reibt sich die Hände, was für einen Ausdruck von Zufriedenheit steht.
- Im Meeting sitzt er in Ihrer Nähe, was ein Zeichen für Zuneigung ist.
- Ihr Chef stellt sich locker im Gespräch hin und öffnet sein Jackett, was der Vertrautheit gilt.

Die negative Körpersprache

- Die Betonung der Hierarchie ist ihm wichtig, somit bleibt Ihr Chef stehen, wenn Sie sitzen.
- Die Lippen sind schmal und er sieht Sie im Gespräch eher selten an.
- Die Arme sind im Gespräch verschränkt und Ihr Chef verhält sich sehr zurückhaltend.
- Seine Gestik ist eher nervös als einladend und seine Finger geballt oder verschränkt. Das ist ein Zeichen von Misstrauen.

Die meisten Chefs arbeiten sehr wissentlich mit der Körpersprache und kennen ihre Machtposition. Was nicht heißt, dass Sie nicht ebenfalls gut kontern können. Lassen Sie sich ruhig auf die Körpersprache ein, es ist die Sprache der Sinne und genau die spüren Sie sofort.

Bereiten Sie sich daher auf ein Gespräch mit dem Chef gut vor und das nicht nur im fachlichen Sinne. Üben Sie an Ihrer Haltung und

Ausdrucksweise und lesen zugleich ihren Chef, denn das kann sehr interessant sein. Viele Menschen denken, dass die Mitarbeiter und Kollegen mit fachlicher Kompetenz nach oben kommen. Manchmal schaffen das Blender auch und die können sich gut verkaufen. Die arbeiten mit ihren körperlichen Mitteln, präsentieren sich gut und legen eine phänomenale Show hin. Der Angestellte mit großem Können und besten Qualifikationen geht dabei sang- und klanglos unter, hat er sich nur auf seine Referenzen verlassen und nicht auf den Ausdruck und die damit verbundene Körpersprache. Doch gerade die Außenwirkung gibt mehr her, als man denkt. Die Attraktivität und nicht die Aktivität steht demzufolge im Vordergrund, denn die Sympathie entscheidet sehr oft mit. Da reißen die Zeugnisse und Referenzen nicht alles heraus. Wie immer zählt der erste Eindruck und das nicht nur in Wort und Schrift.

Wenn man sich ein wenig mit der Psyche des Menschen beschäftigt, ist auch die Körpersprache nicht allzu schwer zu verstehen. Wir sind in der heutigen Zeit sehr oberflächlich geworden. Zudem versetzen wir uns zu wenig in andere hinein, was uns wiederum mehr Abstand gibt. Wir achten mehr auf die verbale als auf die nonverbale Konversation. Genau hier sollten Sie in Zukunft ansetzen. Auch Sie teilen sich ständig mit Ihrer Körpersprache mit, egal welche Position und welchen Status Sie im Leben aufweisen. Die Körpersprache wird immer ein Teil von Ihnen sein.

Erfolgreich sein mit der Körpersprache

Haben Sie sich schon mal Trainer, Verkaufsprofis und Menschen in der Öffentlichkeit etwas genauer angesehen? Diese beziehen bei Gesprächen, Verhandlungen und Vorstellungen immer ihren ganzen Körper mit ein. Die Stimme alleine bringt nicht den Erfolg. Sie reißen einen völlig mit und das begeistert immer mehr Menschen. Sie arbeiten demzufolge mit vollem Körpereinsatz und nicht nur an den Stellen, wo Sie das Publikum begeistern wollen. Sie möchten ständig deren Aufmerksamkeit erregen. Fesselnde Argumente, ausdrucksstark und die Gestik und Mimik immer im Fokus des Geschehens.

Würden diese Menschen nur ihren Text herunterleiern, wäre es schnell mit der Aufmerksamkeit vorbei. Spätestens nach ein paar Minuten ist das Interesse verfolgen. Bezieht man aber die Körpersprache mit ein, dann fühlen sich die Menschen mehr angesprochen. Nun setzen auch Sie Ihre Augen und Ohren ein. Das kommt heute nicht oft vor, sind wir doch mehr das Zuhören als Hinschauen gewöhnt. Schauen Sie sich etwas von den Verkaufsprofis ab, die arbeiten sozusagen mit Händen und Füßen. Sie präsentieren nicht nur das Produkt, sondern auch sich selbst. Wer selbstbewusst ist, lässt auch seinen Körper sprechen. Seien Sie daher nie zu verhalten und gehen in die Offensive und aus sich heraus, so machen Sie auch auf sich aufmerksam. Es gibt etliche Menschen, die intelligent und mit einem gewissen Bildungsstand gesegnet sind. Das heißt aber noch lange nicht, dass diese Menschen erfolgreich sind. Sie müssen sich und ihre Leistung auch präsentieren können.

Menschen, die sich darstellen, mit der Körpersprache wortlos überzeugen und ihren Charme spielen lassen, kommen oftmals weiter im Leben. Selbst wenn es Mogelpackungen sind, sie können durchaus erfolgreich werden. Gerade in der heutigen schnelllebigen Zeit geht vieles unserer Persönlichkeit verloren. Wir sind nur noch gestresst mit dem Blick nach vorne gerichtet, um zielorientiert zu sein. Doch ein Mensch ist ein Gesamtpaket an vielen Eigenschaften und da sollten die guten im Vordergrund stehen. Sie müssen kein Sprachkünstler sein und keine Quasselstrippe, das Wohldosierte macht das große Ganze aus. Bleiben Sie sich selbst treu, mit Ihrer Körpersprache im Gepäck, die Sie ehrlich und aufrichtig einsetzen, kommen Sie bestimmt ans Ziel. Erfolg beginnt mit einer Idee und endet mit dem Abschluss, das Vorhaben in die Tat umzusetzen. Bei Verhandlungen, Gesprächen und Bankterminen ist gerade das Gespür für das Gegenüber Gold wert. Sie lesen, was die Person nicht sagt, und wissen, was gemeint ist. So sind Sie immer einen Schritt voraus.

Reden ist Silber, Schweigen ist Gold. Bei Präsentationen, die heute an der Tagesordnung stehen, teilen wir uns mit. Das bedarf nicht nur der Redekunst, wir müssen zu einem Selbstdarsteller werden. Doch was einfach klingt, kann vor der versammelten Mannschaft ganz schön in die Hose gehen, selbst wenn die Vorbereitung einmalig war. Das Lampenfieber hat einen fest im Griff, der Körper stocksteif und das Wort bleibt einem im Hals stecken.

Aber lange Rede, kurzer Sinn, das Gesamtpaket muss stimmen. Erst mal heißt es, sich zu konzentrieren und nicht mit einem heillosen Durcheinander zu beginnen. Zudem kann sich niemand nur durch die Körpersprache ausdrücken, die Stimme benötigt man auch. Somit muss man ein guter Redner sein, und der benötigt gewisse Eigenschaften, um sich erfolgreich mitzuteilen. Sie müssen praktisch die anderen in Ihren Bann ziehen. Dann haben Sie alles richtig gemacht.

Ein paar Tipps, wie Sie erfolgreich Reden halten

- Wecken Sie Emotionen.
- Überzeugen Sie durch den Inhalt und fokussieren Sie die Tatsachen.
- Überzeugen Sie durch Selbstsicherheit.
- Bewegen Sie sich immer auf Augenhöhe.
- Das Publikum muss inhaltlich leicht folgen können.
- Kommen Sie auf den Punkt und quatschen keine Opern, das ermüdet nur.

Bringen Sie bei Ihrer Rede gezielt die Körpersprache mit ein. Das macht die müden Geister wieder munter und das Publikum schläft nicht ein. Es gibt aber auch Rednertypen, zu denen möchten Sie sicher nicht gehören.

Der Schüchterne

Wir sind nicht alle mit der großen und viel selbst gelobten Selbstsicherheit gesegnet. Doch wer so richtig schüchtern ist, entwickelt sich bei einer Rede zugleich zum Zappelphilipp. Eigentlich möchte er jetzt lieber im Erdboden versinken, als vor der Menschenmenge eine Rede halten. Diese Personen sind hier eindeutig fehl am Platz. Sie fühlen sich sichtlich unwohl im Rampenlicht und starren bei ihrem Vortrag nur so vor sich hin. Blickkontakt ist Fehlanzeige und sie klammern sich am Blatt oder einem Laserpointer fest, solche Situationen sind verkrampft. Ist man kein Rednertyp und möchte man sich dennoch der Masse mitteilen, kann man dies über eine Videokonferenz tun. Oder man teilt sich über einen schriftlichen Vortrag mit. Somit bleibt einem der direkte Kontakt mit der Menschenmenge erspart.

Der Schaumschläger

Das sind die reinsten Sprücheklopfer und haben das zu viel, was die Schüchternen zu wenig haben. Sie strotzen nur so vor Selbstbewusstsein und sind Schwätzer der schlimmsten Sorte. Wie gut sich solche Menschen vorbereiten, ist daher schwer zu sagen. Nicht immer ist ein Zusammenhang im Ablauf zu finden. Dafür jede Menge Sprüche und ein Witz, der dem anderen folgt. Außerdem sprechen diese Menschen viel von sich und wollen überzeugen. Ausladende Bewegungen sind genau ihr Ding und die Arme sind stets wie bei einem Showtanz in Aktion. Eigentlich schon fast zu viel des Guten, doch diese Menschen setzen noch eins drauf. Sie quasseln nicht nur sehr viel, sie quatschen die Menge in Grund und Boden und das ohne Punkt und Komma. Den roten Faden haben hier schon die meisten verloren. Teilweise dienen solche Menschen eher der Belustigung, auch wenn sie keine Stimmungskanone darstellen. Hier heißt es einfach, weniger ist mehr.

Der Ausdruckslose

Die alten Hasen im Geschäft rattern ihre Rede nur so herunter. Sie sind cool und unaufgeregt, dafür aber auch höchst langweilig. Denn sie binden die Körpersprache nicht mit ein. Die Miene wirkt ausdruckslos und sie stehen da wie ein begossener Pudel. Von Motivation und Elan haben diese Menschen wohl noch nichts gehört.

Der Eigenbrötler

Er kocht sein eigenes Süppchen. Er verzichtet auf die Gesten und redet so, als würde er einen Roman vortragen, ohne Höhen und Tiefen, und zieht sein Ding nach seinen Maßstäben durch. Kein Tamtam, kühl und klar formuliert. Das wirkt unsympathisch und nicht gerade ansprechend. Die Menge reißt ein Eigenbrötler sicher nicht mit.

Der Zerstreute

Es kann lustig werden, wenn man auf zerstreute Menschen steht. Sie suchen und fluchen – und plötzlich, der Zettel mit den Notizen ist da. Nach einigen Minuten kann nun der Vortrag beginnen, oder nicht? Doch jetzt passt es und der zerstreute Redner beginnt sogleich mit verschachtelten Sätzen, die Fragezeichen auf der Stirn hervorrufen. Vom Thema schweift er immer ab und findet sogleich neue interessante Thesen. Er grinst verlegen und schaut unterwürfig in die Runde. „Was wollte ich noch sagen?“ ist sein Lieblingssatz.

Ein guter Redner ist immer ein Selbstdarsteller und der bezieht sehr wohl seine Körpersprache mit ein. Das Publikum möchte begeistert und informiert werden und die Mischung macht's. Dazu braucht es eine Einleitung, den Hauptteil und den Schluss. Formulieren Sie die Sätze kurz und knapp, auch verständlich, und springen Sie nicht von Thema zu Thema. Nur so sehen Sie in begeisterte Gesichter.

Betonen Sie durch Ihre Körpersprache das Wichtige und setzen Sie so eines obendrauf. Das Sahnehäubchen, wenn man so will. Bringen Sie die Spannung mit hinein und langweilen Sie nicht. Reden halten kann nicht jeder, aber mit dem nötigen Timing, dem Können, der Redekunst an sich und der Körpersprache kommen auch Sie ans Ziel. Bleiben Sie souverän, dann haben sie voll und ganz überzeugt. Vergessen Sie nicht, das Publikum einzubeziehen.

Der Körper lügt nie, die Zunge schon

Wer kennt den Spruch nicht: Der lügt wie gedruckt. Worte können das sehr gut, unser Körper aber nicht. Er reagiert auf den Istzustand und auf Situationen. Da die Körpersprache vom Unterbewusstsein gesteuert wird, ist sie ehrlich. Die können wir nicht so einfach manipulieren, Worte aber schon. Die Körpersprache gibt sich die ganze Zeit zu erkennen und das unbewusst. Wir können sie bei Verhandlungen und Präsentationen gut steuern, da wir darauf vorbereitet sind.

Leider haben wir das Lesen der Körpersprache in der heutigen Zeit verlernt. Trotzdem ist sie immer präsent. Wir drücken unsere Emotionen und Erfahrungen damit aus und reagieren mit der Körpersprache auf den Punkt. Infolgedessen können uns die Mitmenschen besser lesen als gedacht. Bei Worten können wir vieles verschleiern und auch schönreden. Bei der Körpersprache wiederum nicht. Doch wie kann man denn die Lügner erkennen? An der langen Nase sicher nicht, das ist eher ein Märchen. Auch schleppen wir nicht ständig und andauernd einen Lügendetektor mit uns rum. Doch wir können das Gegenüber entlarven und das sehr einfach. Bedenken Sie aber auch, dass jeder von uns am Tag schwindelt, Notlügen oder die altbekannten Floskeln verwendet. Danke, mir geht's gut, auch, wenn es einem schlecht geht. Es gibt auch die, die richtig heftig lügen, wenn es um Verrat, Betrug oder das Fremdgehen geht. So hat die Körpersprache schon oft die Wahrheit ans Licht gebracht. Da halfen die gut einstudierten Worte auch nicht weiter. Häufig verrät man sich mit der Stimme, die nicht mehr klar und gefestigt ist. Lügen haben zudem kurze Beine und treten durch die Körpersprache hervor, und diese können wir schlecht manipulieren.

Beginnen wir, uns mit der Materie besser auseinanderzusetzen. Es gibt drei Arten von Lügen: das Weglassen, das Ablenkungsmanöver und die glatte Lüge. Die Polizei, Kripobeamte und Detektive kennen sich da bestens aus. Das Gegenüber ist mit allen Wassern gewaschen, denkt es, doch die Realität sieht etwas anders aus.

Lassen Sie sich daher nicht täuschen, manchmal sagen Worte nichts aus. Achten Sie lieber auf die Verhaltenssignale, die eher auf ein Lügen hindeuten. Lügner versuchen, sofort Ihre Sympathie zu gewinnen, und schmeicheln Ihnen ein wenig. Man könnte auch sagen, sie schleimen, und auf dieser Schleimspur ist schon so mancher ausgerutscht. Wer sich seltsam gibt und schmeichelt, der möchte Sie auf seine Seite ziehen. Fallen Sie erst gar nicht darauf herein, wenn Ihnen die Sache etwas spanisch vorkommt.

Schauen Sie lieber das Verhalten, die Gestik und Mimik an, und zwar intensiv, da kann sich das Blatt sehr schnell wenden. Der Gute fühlt sich dann ertappt. Meist wirken solche Menschen gestresst, schwitzen und verhaspeln sich zum Schluss. Lassen Sie daher mit Ihrer Meinung nicht locker. Das Gegenüber soll wissen, woran er ist.

Natürlich weiß niemand, ob der andere lügt oder nicht, aber es gibt Anzeichen dafür. Lügner treten anfangs sehr sicher auf, da sehen sie noch ihren Heimvorteil. Ertappt fühlen sich solche Menschen erst, wenn man ihnen auf den Zahn fühlt. „Sie haben meinen Geldbeutel wirklich nicht da liegen sehen? Sie waren doch der Einzige, der an dieser Stelle vorbeiging? Schauen Sie bitte noch mal nach, Sie haben ihn sicher unwissentlich eingesteckt? Wir können das Ganze auch auf der Polizeiwache klären, wenn Sie meinen." Nun wird der Kreis um den „Verdächtigen" eng. Entweder ergreift er die Flucht, verwickelt sich in Widersprüche, oder seine Körpersprache verrät ihn durch Nervosität. Lassen Sie sich dabei nicht aus der Ruhe bringen, denn Sie haben den Lügner fest an der Angel.

Lügen setzen sich im privaten wie im geschäftlichen Bereich fort. Privat geht es sehr häufig um das Zuspätkommen, die vereinbarte Verabredung wurde nicht eingehalten oder auch um das leidige Thema Fremdgehen. Im geschäftlichen Bereich geht es eher um Dinge, die falsch abgearbeitet wurden, Termine, die nicht den gewünschten Erfolg gebracht haben und auch um das Zuspätkommen. Hier finden sich jede Menge Lügen und Ausreden. So verschanzt man sich hinter „Der Kunde und ich haben uns vertagt", „Ich habe verschlafen" oder „Upps, den Fehler habe ich noch gar nicht bemerkt“. Stellt der Chef aber direkte Verdachtsfragen wie „Sie haben doch das Geld aus der Kasse genommen, der Kunde sagt etwas völlig anderes aus“, fühlen wir uns ertappt.

Die Schuldigen müssen erst mal nachdenken und beginnen, mit Gegenfragen zu argumentieren. „Ich, wie bitte, ich soll das gewesen sein?“ Oder „Woher soll ich denn das wissen?“ So gewinnen sie Zeit, sich etwas Neues zu überlegen. Doch der Körper an sich spricht schon Bände und auch seine ganz eigene Sprache. Genau das macht den Betreffenden dann verdächtig, selbst wenn er noch so sehr nach Ausreden sucht.

Kontern Sie sogleich mit Köderfragen. Die lauten dann in etwa so: „Nennen Sie mir einen Grund, warum jemand behauptet, er habe Sie bei der Geldentnahme aus der Kasse gesehen.“ Nun muss dem Gegenüber aber eine sehr gute Antwort einfallen. Denn dies ist eine rein hypothetische Frage, die auf den Gedankenvirus eines psychologischen Prinzips beruht. Wir impfen dem anderen das schlechte Gewissen ein und drohen zugleich mit Konsequenzen.

Es gibt aber auch Lügner, die lügen einem das Blaue vom Himmel und finden sich noch gut dabei. Denen muss man erst mal auf die Schliche kommen. Hören Sie nicht nur sehr gut zu, sondern schauen Sie auch hin. Nach einer Zeit fällt auf, der Körper macht das Spiel des Schwindels nicht wirklich mit. Der Körper geht gerade in Abwehrhaltung zu dem Gesagten und der Lügner verstrickt sich nach und nach in Widersprüche. Das passiert dann, wenn er sich beobachtet fühlt. Stellen wir immer wieder Fangfragen, kann auch ein guter Lügner schnell enttarnt werden. Ein Lügner muss immer damit rechnen, eine Person mit guter Menschenkenntnis vor sich zu haben, und die sieht schon mal hinter die Fassaden und Scheinwelten.

Warum lügt man eigentlich?

Das kann viele Gründe haben und einige werden aufgezeigt:

- man möchte einen anderen nicht verletzen (Notlüge)
- aus Scham
- um sich besser darzustellen
- aus Verlegenheit
- aus Angst
- um sich einen Vorteil zu verschaffen

Nun werden die möglichen Lügensignale aufgezeigt

1. Kratzen an der Nase, im Gesicht
2. Lippen befeuchten
3. direkter Blickkontakt wird sogleich vermieden
4. häufiges Augenblinzeln
5. andauerndes Drehen des Gesichtes nach links oder rechts
6. öfter Augenbewegungen nach rechts unten
7. ständiges Seufzen
8. verschränken der Arme
9. Tonlage der Stimme verändert sich (wird höher)
10. Schulterzucken
11. längeres Nachdenken beim Nachfragen
12. stottern, wenn man es sonst nicht tut

Lügner benötigen bei ihrem Satzbau auch Zeit, denn sie müssen sich eine Strategie zurechtlegen. Unser Gehirn braucht dazu aber ein paar Sekunden. Doch was viele nicht wissen, in dieser Zeit spricht der Körper mehr als genug. Genau darauf sollten Sie nun achten und den Lügner gleich mal fixieren. Das ist sicher nicht die höfliche Art, aber Lügen sind es auch nicht. Merken Sie, dass die Gesichtszüge entgleisen, ein Zucken aufkommt, die Hände feucht werden, oder er/sie immer tief Luft holt. Krank ist derjenige sicher nicht, aber er lügt, dass sich die Balken biegen. Oft erkennt man das bei Ja und Nein. Das Gegenüber sagt Ja und der Körper meint aber ehrlicherweise Nein. Das kann auch umgekehrt der Fall sein. Bleiben Sie in solchen Situationen cool und gelassen. So steht man als Lügner wie ein begossener Pudel da.

Nur dürfen wir nicht jede Bewegung und einen Ausrutscher auch gleich verteufeln. Daher steht hier die Menschenkenntnis an erster Stelle. Eines ist aber schon mehrfach bewiesen: Wenn jemand häufig schluckt und sich räuspert, außer es steht wirklich eine Erkältung im Raum, dann kann das sehr wohl ein Mensch sein, der versucht, Ihnen brühwarm seine Lügen aufzutischen.

Lügt jemand, kann er durchaus nervös werden, das wird durch die sogenannten Ankerpunkt-Bewegungen sichtbar. Das sind die Körperteile, die den Menschen an einen bestimmten Punkt oder eine Position verankern. Ein Lügner sitzt keineswegs ruhig und gelassen – nein, man rutscht mit dem Gesäß oder dem Rücken hin und her oder wippt mit dem Stuhl vor und zurück. Steht man, so tritt man von einem Fuß auf den anderen, und das ist das Ventil, das die Anspannung etwas ablässt. Andere verbergen ihre Nervosität durch Gesten, die sich in Zupfen äußern. Das kann an den Augenbrauen sein, oder man zupft ein wenig an den Haaren herum.

Schwitzen ist ebenso ein Alarmsignal. Ob bei Krankheiten oder Aufregung oder eben beim Lügen. Diesen Menschen rinnt der Schweiß nur so ins Gesicht. Doch achten Sie auch auf die Außentemperatur, bei 40 °C im Schatten ist Schwitzen völlig normal. Vieles kann auf Lügen hindeuten, doch urteilen Sie nicht zu schnell und voreingenommen. Lesen Sie erst einmal die Körpersprache und machen sich dann ein Bild von der Person. Hinter so manchem Verhalten können die unterschiedlichsten Gründe stecken. Manche Muster gehören einfach zu unserer Persönlichkeit, wie das Fassen in die Haare, das Kauen auf den Lippen und auch das Räuspern. Daher sollte man nicht alle Menschen über einen Kamm scheren.

Dennoch lügen wir mehr mit Worten als mit dem Körper. Denn dieser setzt Impulse aus und reagiert direkt. Mit Worten können wir viel schönreden und verschleiern und auch richtig gut lügen, wenn wir wollen. Nehmen wir aber die Körpersprache hinzu, dann sieht die Sache gleich ganz anders aus, denn die beiden widersprechen sich. Lernen Sie somit, die Körpersprache und ihre Eigenschaften zu verstehen, dann sind Sie auf der sicheren Seite. Denn aus der Körpersprache heraus zeigen wir unseren wahren Gefühlszustand. Es heißt ja nicht umsonst: Die Zunge kann lügen, der Körper nie.

Hier noch ein paar Tipps, wie Sie Lügner entlarven können, und das auf den ersten Blick:

Die Augenbewegungen beim Lügen

- **Die Vermeidung von Blickkontakt**
  Ein Lügner wird immer den direkten Blickkontakt vermeiden bzw. stellt ihn her, bricht ihn aber in Bruchteil von Sekunden wieder ab.
- **Verdrehen der Augen**
  Beim Lügner kreisen die Augen tatsächlich mehr, ohne den anderen anzuschauen.
- **Häufiges Blinzeln**
  Übermäßig häufiges Blinzeln kann heißen, die Person hat etwas zu verbergen.
- **Starrer Blick**
  Der starre Blick ist ein Zeichen, ich konzentriere mich auf meine Lügen und möchte dem anderen nicht in die Augen sehen.
- V**ergrößerte Pupillen**
  Bei weiblichen Lügnerinnen kann dies ein Anzeichen für Lügen sein, das nur schwer zu erkennen ist.

Körpersprache – die Mimik und Gestik beim Lügen

- **Verschränkte Arme**
  Ein Zeichen einer selbstsicheren Lüge, kann aber auch bei Desinteresse sein.
- **Stillhalten von Armen und Beinen**

Ein Zeichen, dass die Lügen aufgeflogen sind, und nun tritt eine Art von Schockzustand ein.

- **Kratzen**
  Häufige Kratzbewegungen an den Armen und im Gesicht sind ein Zeichen für Nervosität.
- **Rötung des Gesichts**
  Häufig festzustellen, wenn der Lügner das erste Mal befragt wird und gleich rot anläuft.
- **Lecken der Lippen**
  Das Anfeuchten der Lippen mit der Zunge während des Sprechens kann auch eine Art Verlegenheit sein.
- **Schwanken mit dem Oberkörper**
  Eine leichte Rechts- oder Linksbewegung mit dem Oberkörper, bevor man zu sprechen beginnt, zeugt von Unsicherheit und kann auch etwas mit dem Lügen zu tun haben.
- **Lächeln**
  Ein freundliches Lächeln, wenn es nicht zur Situation passt, kann genau das Gegenteil bedeuten.
- **Übertriebener Ausdruck**
  Häufig starkes Runzeln der Stirn soll wohl eher in die Irre führen.

Sprache und Stimme beim Lügen

- **Aussage und Mimik passen nicht zusammen**
  Ja sagen, aber den Kopf schütteln heißt, die Körpersprache hat Recht.
- **Zögern**
  Häufig begleitet von äh, hm, zeigt auf, man muss erst mal nachdenken, was man sagt. Lügner müssen sich ja stets neu sortieren.
- **Abweichen von gewohnten Sprachmustern**
  Meist nur erkennbar bei Personen, die man besser kennt. Bei anderen kann das wiederum schwierig werden.
- **Detaillierte Wiederholungen**
  Komplexe Sätze können auf Nachfragen identisch

wiedergegeben werden. Aber nur so lange, bis beim anderen der Groschen fällt. Denn das klingt alles eher einstudiert.

- **Erhöhte Stimmlage**
  Eine leichte Erhöhung der Stimmlage kann ein häufiges Indiz für eine Lüge sein. Denn so sicher fühlt man sich mit seinem Vorhaben nicht.

Es ist sicher nicht einfach, einen Lügner auf frischer Tat zu ertappen, aber hier machen die Übungen den Meister aus. Schauen Sie Menschen bei Gesprächen nicht nur auf die Lippen, das Gesamtpaket ist epochal und ausdrucksvoll.

Beim Lügen kommt es auf die Blickrichtung an, schauen Sie sich dazu ein paar Beispiele an:

- **Oben links**
  Vorstellung neuer Bilder, das ist oft ein Zeichen für eine Lüge.
- **Oben rechts**
  Erinnerung von Bildern, deutet auf eine oftmals wahre Aussage hin.
- **Mitte links**
  Vorstellung von Geräuschen und Klängen, das kann ein Zeichen für eine Lüge sein.
- **Mitte rechts**
  Erinnerung von Geräuschen, deutet wiederum auf eine wahre Aussage hin.
- **Unten links**
  Vorstellung von Gesprächen, oft ein Zeichen für Lügen.
- **Unten rechts**
  Erinnerung an Gefühle und Emotionen, deutet auf eine wahre Aussage und Begebenheit hin.
- **Mittig**
  Konstruierend oder erinnernd, hier werden weitere Signale hinzugezogen.

Die Befragung und das Verhör

- **Wahrheit:** Entspricht einer direkten Antwort
- **Lüge:** Entspricht einer ausweichenden Antwort
- **Wahrheit:** Beantwortet Fragen
- **Lüge:** Beantwortet Fragen mit gewissen Umschreibungen
- **Wahrheit:** Allgemeines Bestreiten, aber nicht konkret
- **Lüge:** Spezifisches Bestreiten und sehr umschweifend
- **Wahrheit:** Beschreibende Sprache wie klauen und stehlen
- **Lüge:** Vermeidung beschreibender Sprache und Ausdrücke
- **Wahrheit:** Selbstsichere Antwort und gerade Haltung
- **Lüge:** Unterstützt die Glaubwürdigkeit mit Beispielen und Leugnungen
- **Wahrheit:** Ist immer eine spontane Antwort und folgt prompt
- **Lüge:** Hier kommt die überlegte Antwort mit ins Spiel
- **Wahrheit:** Formlos und wenig förmlich
- **Lüge:** Förmliches und sehr höfliches Leugnen
- **Wahrheit:** Personalisierte Sprache wie „Wir waren“, „Ich habe“ usw.
- **Lüge:** Entpersonalisierte Sprache wie würde, hätte und könnte
- **Wahrheit:** Wenig Gegenfragen
- **Lüge:** Wiederholt einfache Fragen, stellt Gegenfragen, um Zeit zu schinden

Die Stimmlage und Sprache

- **Wahrheit:** Die Beantwortung einer Frage innerhalb einer halben Sekunde
- **Lüge:** Verfrühte oder verzögerte Beantwortung, um nicht aufzufallen
- **Wahrheit:** Ansteigende Sprechgeschwindigkeit wie auch Lautstärke
- **Lüge:** Abnehmende Sprechgeschwindigkeit, Lautstärke und Tonlage
- **Wahrheit:** Keine Aussetzer oder Lücken im Satz

- **Lüge:** Häufige, sehr kurze bis sehr auffällige Lücken oder Aussetzer und ein ständiges Räuspern und Pausieren kommen hinzu
- **Wahrheit:** Normale Stimmhöhe
- **Lüge:** Höhere Stimmhöhe, kann manchmal mit einer nicht sehr klaren Stimme einhergehen.

Im Berufsleben geht es darum, die Menschen für sich einzunehmen. Dann heißt es gerade Haltung, Knie zusammen, Bauch rein und Brust raus. Jeder denkt, er beherrscht diese Arten der Kommunikation perfekt, doch ganz so einfach ist es nicht. Einerseits gibt es Mythen zur Körpersprache, andererseits kann die Hälfte der Menschheit diese nicht mehr deuten. Das bedarf einer Aufklärung und wie wir dabei so wunderbar manipulieren können.

Nichts ist spannender als die Körpersprache, wirkt sie doch fast schon geheimnisvoll und lautlos dazu. Für manche wirkt sie ein wenig gefährlich durch die Mikromimik und wie Arme und Hände so ganz für sich sprechen. Dann gibt es die Profis unter uns, die einen schneller manipulieren, als man denkt. Tja, die beherrschen die Körpersprache und lesen daraus wie aus einem offenen Buch.

Die nonverbale Kommunikation, die die geheime Welt der Körpersprache darstellt. Eines sei gewiss, mit der Körpersprache kann man andere Menschen sehr gut manipulieren. Daher ergeben diese beiden Formationen ein gelungenes Zusammenspiel. Die Körpersprache manipuliert genauso wie die Sprache. Jeder hat es schon einmal erlebt, wenn man angerempelt wird. Nun treten hier zwei Varianten auf. Es war reine Absicht, oder es war aus einem Versehen heraus. War es Absicht, werden Sie auf eine gewisse Art und Weise manipuliert. Im Job steht die Manipulation an der Tagesordnung. Doch oftmals werden wir manipuliert, ohne es zu bemerken, und fallen dann schön artig in das Fettnäpfchen hinein. Das hat folgenden Grund: Wir verstehen die nonverbale Kommunikation nicht. Im Zusammenhang mit der Manipulation kommt es zu einer versteckten Einflussnahme, und wir werden beeinflusst, ohne es zu bemerken. So ganz nebenbei. Doch niemand von uns möchte der Fisch an der Angel sein. Die Selbstkontrolle wahren und auf die instinktiven Fähigkeiten zurückgreifen ist dann die Devise.

Werden Sie lieber zum Skeptiker als Mitläufer und achten auf die Körpersprache der anderen. Die haben ein sehr hohes Mitteilungspotenzial in rein nonverbaler Form. Chefs und Führungskräfte manipulieren ständig und andauernd. In gewisser Weise ist das auch positiv, dient es doch der Firma, dem Erfolg und dem Menschen an sich. Doch die Manipulation kann man positiv wie auch negativ sehen und leider sind wir alle beeinflussbar. Ob beim Kauf, der Partnerwahl, dem Jobwechsel und selbst beim Essen sind wir nicht mehr wir selbst. Auch hier werden wir von den Medien artig manipuliert. Nun zurück zum Beruf, denn dieser Manipulation sind wir mit Leib und Leben ausgesetzt.

Lernen Sie dabei, mit der Situation und den internen Vorgängen umzugehen. Sie denken vielleicht, ich werde doch nicht manipuliert – doch, werden Sie. Ein kleines Beispiel dazu: Sie haben eine Präsentation für Kunden vorbereitet und Ihr Chef wirft noch mal ein Auge darauf. Sofort beginnt er, manipulativ auf Sie einzuwirken. „Denken Sie an unseren Gewinn und zeigen das Produkt von einer anderen Seite auf. Sie haben es gut in Szene gesetzt, dennoch kommt es mit den Ansätzen besser raus. Ach, und lassen Sie sich ein paar spritzige Sätze zur Einleitung einfallen und lesen dem Kunden jeden Wunsch von den Augen ab. Im übertragenen Sinne gesehen."

Sie wollten den Vortrag mit Würde und Stil halten und nicht als Ramschladen der Nation gelten. Dennoch fügen Sie sich und unterwerfen sich der Manipulation. Ihre Rede ist dann nur noch ein dünner Abklatsch von Ihnen. Somit haben nicht Sie die Richtung bestimmt, sondern Ihr Chef. Seine Körpersprache drückte es mit allen Sinnen aus. Sie sind zwar gut, aber bei Weitem noch nicht so weit, selbstständig zu agieren. Ihre Körpersprache nach der Präsentation glich der eines Opferlamms. Ihre Würde und Ihr Stolz wurden verletzt. Unser Körper drückt das ohne Worte sehr gut aus. Diese negative Außenwirkung bringen Sie gleich mit. Die Manipulation bedeutet Macht, die Körpersprache ist ein untergeordneter Teil davon. Wir setzen sie mit Gestik und Mimik ein und manipulieren damit. Chefs tun das üblicherweise sowieso. Demzufolge müssen Sie Ihre Außenwirkung in gewisse Bahnen lenken. Wir machen uns durch einen gebückten Gang und eine leise Stimme sehr angreifbar. Menschen die selbstbewusst auftreten, haben vor sich ein Stoppschild stehen. Bis hier hin und nicht weiter. Schaffen auch Sie sich im Gespräch und im Berufsleben allgemein Ihren mentalen Raum. Es entspricht einer Schutzzone, wenn man so will. So haben Sie die gewissen Ausweichmöglichkeiten und wahren die Distanz. Achten Sie bei Ihren Kollegen und Chefs und Ihrem direkten Umfeld auf die Körpersprache. Schalten Sie Ihre Sinne ein und versuchen Sie, der negativen Manipulation aus dem Weg zu gehen, denn es gibt Menschen, die ziehen einen runter. Die kommen mit hängendem Kopf, gesenkten Schultern und schlürfendem Gang mit einer Weltuntergangsstimmung ins Büro. Ziehen Sie hier ganz deutlich Ihre Grenzen auf. Auch wenn der Chef es nicht wohlgesonnen mit Ihnen meint, Sie haben das Recht, in eine Verteidigungsposition zu gehen. Die beginnt ganz galant mit der Körpersprache und ebenfalls ein wenig manipulativ. Was andere können, können Sie auch. Damit Ihnen die Manipulation nicht aus dem Ruder läuft, bieten sich dazu individuelle Techniken an. Dazu sollten Sie erst einmal wissen, was Manipulationstechniken überhaupt sind. Mit Manipulation in Verbindung mit der Körpersprache wie auch der Rhetorik sind sie mit allen Wassern gewaschen.

Was sind Manipulationstechniken?

Damit Ihnen in Zukunft nichts mehr aus dem Ruder läuft, lesen Sie sich folgende Punkte genau durch. Sie dienen als Wegweiser und sind damit sehr richtungsweisend. Zudem macht Ihnen so schnell keiner mehr etwas vor.

- In der Rhetorik bezeichnet man die Manipulation als eine verdeckte Einflussnahme.
- Der Sprecher nimmt in seiner Rhetorik also gezielt Einfluss. So kann er das Verhalten seines Gesprächspartners besser steuern. Ebenso kann er seine Mitmenschen besser überzeugen und überreden.
- Dafür gibt es verschiedene Manipulationstechniken, die auch als Lenkungstechniken bezeichnet werden. Bei der Beeinflussung des Gegenübers werden ebenfalls die rhetorischen Mittel angewandt.

Die Manipulation kommt dort zum Einsatz, wo ergebnisorientierte Gespräche stattfinden, Kompromisse ausgehandelt werden und eine Einigung erzielt werden soll. Hier treten dann die Fragetechniken und die Manipulation mit ein. Im Beruf geht die Kommunikation ihre eigenen Wege. Nur so kommen Erfolgsmenschen ans Ziel.

So sind die Manipulation wie auch die Körpersprache ein tagtägliches Ereignis. Infolgedessen braucht es die Aufmerksamkeit der anderen und die Beeinflussung darin. Die Form und Stärke der Manipulationstechniken entscheiden Sie selbst. Es kommt immer darauf an, wie wichtig das Vorhaben ist. Allem voran ist eines wichtig, nämlich dass Sie den Dialogpartner zum Zuhören bewegen müssen. Und nicht nur das, Sie müssen ihn begeistern, und das geht nur über die Manipulation, die ja nichts Schlechtes heißen muss.

Mit der Manipulation und der dazugehörigen Körpersprache gehen Sie ganz auf die Menschen ein. Die Überzeugungskraft kommt dann wie von selbst. Treten Sie zudem immer selbstbewusst auf und wirken Sie souverän, aber niemals überheblich. Das ist schon die halbe Miete.

So setzen Sie die Manipulationstechniken ein

1. Möchten Sie jemanden überreden oder überzeugen, dann setzen Sie die Manipulationstechniken ein.
2. Bei Werbe- und Verkaufsgesprächen werden sie optional angewandt.
3. Bei Gehaltsvorstellungen sind Manipulationstechniken geradezu perfekt.
4. Bei einem Bewerbungsgespräch tritt die Manipulation immer in den Vordergrund.

Gepaart mit der Rhetorik und Körpersprache sind Sie dann oben auf. Denn wer die „Mächte“ beherrscht, ist ein Macher. So nehmen Sie sich selbst den Druck und Stress weg und stärken zugleich Ihr Selbstbewusstsein. Der erfolgreiche Einsatz der Manipulationstechniken hat sich gelohnt. Diese Techniken erreichen Sie mit der Begeisterung, die

Sie ausstrahlen, und Ihrer allgegenwärtigen Kompetenz. Wie Sie sehen, muss man mehrere Eisen im Feuer haben, denn der Body-Code und die Manipulation sind immer und überall gegenwärtig.

Wer andere Menschen lesen kann, der ist vor vielen Überraschungen gefeit. Zudem ist jeder Mensch auf seine Weise manipulierbar. Nehmen Sie daher von Anfang an das Gespräch selbst in die Hand. Um sich ein besseres Bild machen zu können, stehen Ihnen fünf sehr ansprechende Manipulationstechniken parat. Diese Techniken dienen dazu, die Menschen im Gespräch zu manipulieren. So wirken Sie wie ein alter Hase, dem keiner so schnell etwas vormachen kann. Begeben Sie sich mit der Körpersprache, der Rhetorik und Manipulation wie auch Ihrem Verhandlungsgeschick auf die Reise. Ihr Ziel ist der Erfolg und hierauf nehmen Sie Kurs. Sehen Sie sich ein wenig als Kapitän, der sein Schiff sicher in den Hafen leiten will.

Kompromisse finden

Ohne Kompromisse geht nichts im Leben. Zeigen Sie die verschiedenen Lösungsmöglichkeiten auf und bieten Wahlmöglichkeiten an. Es ist die manipulative Kunst, das Gegenüber in den Genuss zu bringen, entscheiden zu können. Dennoch haben Sie mit Ihrer kompromisslosen Art die Zügel in der Hand. Denn der Schein trügt, und Sie bieten das an, was Sie auch möchten, und gestalten Ihr Vorhaben äußerst „schmackhaft“. Kompromissvorschläge dann in die richtige Richtung lenken, ist ein Kinderspiel für Sie, denn Sie arbeiten mit vollem Körpereinsatz und der Manipulation.

Dazu zwei Beispiele:

- „Wir können gerne in die Kantine zum Mittagessen gehen, da schmeckt das Essen eher fad, oder zum Asiaten um die Ecke, wo es um Längen besser schmeckt.“ Schon wurde man manipuliert und man hat keine Entscheidungsmöglichkeit.
- Sie haben die Wahl: 3.500 Euro brutto mit Dienstwagen anzunehmen, oder Sie beharren auf den 5.000 Euro. Dann kann es aber sein, dass den Job ein anderer bekommt. So bleibt Ihnen nur die Möglichkeit, den Dienstwagen und das nicht von Ihnen definierte Gehalt zu nehmen.

Die Wahlmöglichkeiten aufzeigen

Am besten entscheiden wir uns, wenn uns zwei Möglichkeiten angeboten werden. Meist werden wir aber genau hier manipuliert.

Hier zwei Beispiele dazu:

- „Unternehmen wir heute Abend etwas miteinander?" klingt sehr fragend. „Wollen wir heute Abend ins Kino gehen?" ist manipulativ und man kommt der Situation nun weniger aus, da sie schon vorgegeben ist und nach keiner Entscheidung mehr verlangt. Wer sagt hier schon gerne ab?
- Der Gast wird gefragt, wie er denn sein Frühstücksei gerne möchte, hart oder weich? Ob er eins möchte, wird er erst gar nicht gefragt.

In diesen Fällen ist es schwierig, dagegen zu argumentieren, da einem die Entscheidung schon im Vorfeld abgenommen wird. Das ist die wahre Manipulation.

Kompetenzen beschreiben

Ein Gesprächsführer stellt im Gespräch seine Kompetenzen dar und dominiert auf seine Art und Weise. Die Zuhörer hat er dadurch in seinen Bann gezogen, seine Fähigkeiten sprechen ganz für sich. Er ist ein Macher, einer, der die Manipulation beherrscht und der die Körpersprache gekonnt zum Einsatz bringt. Dennoch weiß man wenig über seine Kompetenz. Denn die spiegelt sich zwar im Rampenlicht wider, nur fragen kann man ihn nichts. Und so tauchen folgende Fragen auf:

- Ist der Vortrag eine gut einstudierte Show und lässt er ihn andere für sich machen?
- Kann er den Standpunkt seiner Thesen beibehalten oder dreht er sich wie ein Fähnchen im Wind?

Schnell verlässt der Redner das Podest und man steht mit seinem Anliegen alleine da. Er hat viel mit dem Körpereinsatz geprahlt und sich die Rhetorik zunutze gemacht.

Konsequenzen darstellen

Zählt man die positiven Konsequenzen auf, sind wir gleich auf dessen Seite. Auch heute noch arbeitet man konsequent nach dem Belohn- und Bestrafsystem. Werden wir bestraft, lehnen wir ab; werden wir belohnt, nehmen wir an. Mit positiven Konsequenzen verhält sich das auch so. Werden wir befördert, ist das für uns eine Art Belohnung. Werden wir gekündigt, sehen wir es als eine Bestrafung an.

- Somit gibt es die Verbesserung und Verschlechterung.
- Das Gute und das Böse.

Genauso gehen wir mit Konsequenzen um, denn wir sehen nur Schwarz oder Weiß. Zudem fühlen wir uns manipuliert und der Stolz ist gekränkt, werden wir negativen Konsequenzen unterzogen.

Wertungskriterien anbieten

Wir können auch hier sehr gut manipulieren und zeigen dem Zuhörer die Verhaltensvarianten auf. Der Redner richtet die Bewertung nach dem Interesse des Publikums, um es mit einzubinden. Das Publikum denkt, es entscheidet bei den Wertungskriterien mit. Doch wie in der Politik auch, versucht man, eine Wählerstimme zu ergattern oder ein Produkt an den Mann zu bringen. Man wird im Vorfeld manipuliert und die Entscheidung zur Auswahl wird einem abgenommen. Dennoch denken viele von uns, sie haben es selbst entschieden.

Die Rhetorik und die Körpersprache arbeiten Hand in Hand

Die Kunst des Redens war schon in der Antike präsent und fand für den meinungsbildenden Prozess statt. Die Argumentation und seine Glaubwürdigkeit unter Beweis stellen waren dabei vorhanden. Es sind keine Gegner, die Rhetorik und die Körpersprache. Die nehmen sich nichts und sind in vielen Bereichen des Lebens unersetzlich, das fängt schon in der Schulzeit an.

Vor der Klasse sprechen

Kinder und Jugendlichen fällt es schwer, vor versammelter Mannschaft zu sprechen. Das zeigt sogleich die Körpersprache auf und die prahlt nicht gerade mit Selbstbewusstsein und Stolz. Eher das Gegenteil ist der Fall. Aber auch die Lehrer haben damit zu kämpfen. Sie müssen nicht nur den richtigen Ton finden, sie müssen die Stimme, die Rhetorik und die Körpersprache mit einbringen. Nur so klingen sie glaubwürdig und können zur gewollten Denkbremse wie auch zur Stimmungskanone werden. Denn hier zählt neben der Rhetorik auch die Motivation.

Lehrer müssen den goldenen Mittelweg finden, denn sie sind täglich von Schülern umgeben. Schwachstellen machen sich in diesem Beruf nicht gut. Die Angst vor dem Sprechen und Repräsentieren sollte ebenfalls nicht vorhanden sein. Doch Lehrer sind auch nur Menschen, die nicht immer nach einem Uhrwerk laufen. So benötigt es Kniffe, Tricks und Selbstvertrauen, um in diesem Beruf zu überstehen. Für Lehrer sind Körpersprache und Rhetorik essenziell wichtig und von zentraler Bedeutung.

In der Entstehungsgeschichte der Menschheit verständigte man sich anfangs eher mit Händen und Füßen wie auch mit Lauten. Von einer Sprache war man damals noch meilenweit entfernt. Heute arbeiten wir mit einer kontrollierten Stimmführung und beziehen die Rhetorik wie auch die Körpersprache mit ein.

Lehrer stehen bei Schülern immer im Fokus und werden daher genau betrachtet. Zudem üben sie eine Vorbildfunktion aus. Doch jeder von uns wird im Alltag und Beruf unter die Lupe genommen. Somit muss man sich und seine Körpersprache gepaart mit der Ausdrucksweise optimal zunutze machen.

Eines haben wir nämlich im Laufe der Zeit vergessen, das Fuchteln. Wir erstarren bei Gesprächen und bewegen uns kaum., so als dürften es nur die Lippen tun. Sinnvoll wäre es, seinen Gedankenflüssen freien Lauf zu lassen und sich körperlich einzubringen. Kinder lernen, mit der Gestik im Vorschulalter zu sprechen. Durch das Gestikulieren werden Situationen greifbarer. Die Rhetorik ist in diesem Alter noch reine Nebensache. Erwachsene müssen sich aber bewusst in Szene setzen. Arbeiten Sie dabei parallel und bringen das Gesagte besser und vor allem bildhaft zum Ausdruck. Die Körpersprache unterstützt die Rhetorik ungemein, da sie Argumentationen besser zum Tragen bringt. Demzufolge wird Ihre Ausdruckskraft angemessen unterstützt und für den oder die Zuhörer kommt mehr Spannung auf. Beziehen Sie daher immer Ihre Hände und Arme wie auch Ihre Mimik mit ein.

Die Bewegungsfreiheit der Hände muss dabei gegeben sein und krallen Sie sich nicht krampfhaft irgendwo fest. Der Körper sucht gerade bei Nervosität einen Ableiter, der sich mit dem Verkrallen und ständigem Zupfen und Verhaspeln äußern kann. Mit solchen Haltungen wirken Sie nicht nur unsicher, sondern auch komplett überfordert. Denken Sie daran, die Körpersprache und Rhetorik gehen Hand in Hand. Zwischen den beiden Komponenten muss eine Harmonie entstehen. So wirken Sie sympathisch, lebhaft und redegewandt. Das prägt sich positiv in den Köpfen ein. Jeder von uns ist durch seine Sprache, den Ausdruck und die individuelle Körpersprache geprägt. Meist gehen diese Vorgänge eher unbewusst vonstatten.

Die Redekunst kann mit ein paar Tricks verfeinert werden, die zu einer besseren Ausdrucksfähigkeit führen. Beginnen Sie vor einen großen Spiegel, somit haben Sie alles im Blick. Achten Sie auf Ihren

Gesichtsausdruck, wirkt dieser entschlossen oder eher müde? Schauen Sie nun in den Spiegel und sagen Sie sich, ich kann andere begeistern und das mit dem gewissen Pepp in der Stimme und einer imposanten Haltung. Diese beiden Faktoren müssen demzufolge überstimmen und die gleiche „Sprache“ sprechen.

Trainieren Sie das Reden oder Ihre Rede und achten Sie auf die Töne und auf realistische Redesituationen. Sprechen Sie ruhig mit Händen und Füßen, natürlich nicht im übertriebenen Sinne. Sie sollen ja nicht zum Zappelphilipp mutieren. Die Wortwahl sollte immer mit der Körpersprache konform sein. Sie sagen: „Wir begrüßen den neuen Mitarbeiter in unserer Runde und wünschen ihm viel Erfolg.“ Die Stimme ist dabei herzlich, klar und deutlich. Die Körperbewegungen einladend, mit offenen Armen und einem herzlichen Gesichtsausdruck versehen. Trainieren Sie solche Reden vor dem Spiegel, bis Sie selbstsicherer sind, und feilen Sie immer an Ihrer Ausdrucksweise. Sprechen Sie dabei kurze und prägnante Sätze und binden die Körpersprache mit ein.

Die Körperreaktionen und Redeübungen sind dabei O-Ton. Haltung, Mimik und Gestik bilden eine Einheit und das klingt sehr überzeugend. Stellen Sie sich breit und fest mit den Beinen auf den Boden. So weiß man auch, Sie stehen mit beiden Beinen im Leben. Auch eine energische Ausdrucksweise mit der gewissen Körperhaltung hat durchaus Sinn. Damit vermitteln Sie Stärke und Kraft. Wer gut reden kann, kann auch gut auf andere einwirken. Das ist das Geheimnis der Rhetorik, die den Erfolg mit sich bringen kann.

Aber auch Ihr Körper ist sehr mitteilungsbedürftig und spricht lautlos mit. Das vergessen viele, wenn sie auf einem Podest stehen. Das hat sich schon so manches Mal peinlicherweise verselbstständigt. Bleiben Sie locker, selbstbewusst und redegewandt, und das verbal wie nonverbal. Dazu auch ein Beispiel, wie wir ein und dasselbe Verhalten unterschiedlich deuten können.

Dazu ein Auszug aus https://rhetorik-online.de/rhetorik-lernen/.

Nonverbales Verhalten	Bedeutung negativ	Bedeutung positiv
Steife Körperhaltung	Verkrampfung, Angst, Reserviertheit	Korrektheit, Disziplin, Respekt
Gelöste Körperhaltung	Provokation, Respektlosigkeit, Anbiederung, Flapsigkeit	Harmonie, Zufriedenheit, Sicherheit, Selbstbewusstsein
Lachendes Gesicht	Maske, Ritual	Freundlichkeit, Herzlichkeit
Ernstes Gesicht	Ablehnung, Reserviertheit, Verärgerung	Sachlichkeit, Respekt, Konzentration
Kopf gesenkt	Trotz, Beschämung, Unsicherheit, Traurigkeit, Verzweiflung, Schlaffheit	Konzentration, Ehrfurcht, Respekt, Abwehr, Neutralisierung, Vorsicht
Kopf erhoben	Trotz, Aggression, Provokation	Triumph, Aufmerksamkeit, Aktivität
Fehlender Augenkontakt	Unsicherheit, Desinteresse	Rücksichtnahme, Konzentration
vorhandener Augenkontakt	Zurechtweisung, Aufdringlichkeit, Aggression	Höflichkeit, Aktivität
Arme verschränkt	Angst, Aggression, Ablehnung, Unsicherheit	Dominanz, Gemütlichkeit, Zufriedenheit
Armhaltung lässig	Missachtung, Herausforderung	Entspannung, Souveränität

Wer präsentiert, gibt sich und seine Persönlichkeit preis. Denken Sie sich zuerst in den Zuhörer hinein, was er erwartet und was er denkt. Hat er bestimmte Wertvorstellungen und Interessensvorlagen und wie kann ich die umsetzen? Eine gedankliche Vorbereitung ist ein Muss und lässt Sie nicht so schnell den roten Faden verlieren. Überzeugen kann man Zuschauer nur, wenn man ein klares Bild der Ausdruckskraft widerspiegelt.

Bevor Sie eine Rede halten, gliedern Sie sie wichtige Punkte der Themenbesprechung auf und üben Sie die Rede und Körperhaltung vorher am Spiegel, in einem sogenannten Testvortrag. Bringen Sie ebenfalls Argumente, Zahlen, Beispiele, Fakten und Tatsachen auf den Tisch. Die Vorbereitung ist das halbe Leben und lässt keine bösen Überraschungen auftauchen. Vielleicht bleiben Sie auch ein wenig vor dem Lampenfieber verschont.

Folgende Tipps stehen Ihnen dazu parat

- Lösen Sie die Gedankenbremse und sprechen Sie nichts Unüberlegtes.
- Stichworte, die ausformulierte Gedanken dazu anregen, kleine Sprechpausen in den Raum zu stellen und neue Sprechimpulse geben.
- Zwischenfragen von Zuhörern und diese gleich aus dem Konzept holen, aber dennoch konstruktiv antworten.
- Eine offene Körperhaltung präsentieren.
- Ruhiger Atem bedeutet, Sie haben alles im Griff.
- Kräftigen Sie Ihre Stimme, die letzten Reihen möchten auch noch etwas von Ihnen hören.

Etliche Kleinigkeiten machen das große Ganze aus, auf das die Allgemeinheit achtet. Lassen Sie die Redekunst und Rhetorik zu, beide sind ein Meilenstein in der Menschheitsgeschichte. Politiker, Präsidenten, Manager und Verkäufer leben davon, denn beide Varianten haben ein sehr gutes Vermittlungspotenzial, das den Erfolg verspricht.

Das bedeutsame Konzept, das neuro-linguistische Programmieren, in der Kurzform auch NLP genannt, sorgt für eine Veränderung und die damit verbundene Kommunikation. Im Beruf unverzichtbar, da diese ebenfalls die Manipulation und Körpersprache einbezieht. Einer der wichtigsten Entwickler des NLP war Robert Dilts. Ein bedeutendes Verhaltensmodell wurde geschaffen und ein dazugehöriges System von Techniken und definierten Fähigkeiten konstruiert. Als die dynamische Struktur subjektiver Erfahrungen wird NLP beschrieben. Die Neuro-Linguistik: Gehirn und Sprache dienen als effektives Mittel und sind nah mit der Körpersprache verbunden.

Die NLP-Techniken treten daher vorherrschend in der Wirtschaft, der Psychotherapie, der professionellen Kommunikation und der Hypnose auf. Es geht um das Beeinflussen auf die positive wie auch die negative Art. So reagieren die Menschen darauf, da wir im Prinzip ein Leitsystem herbeisuchen. Jeder Mensch braucht einen „Leitwolf" und Sie auch. Demzufolge bilden sich sehr interessante Zusammenhänge, wie der Auszug der NLP-Axiome aufzeigt:

1. Menschen reagieren auf ihre subjektive Abbildung der Wirklichkeit und nicht auf die äußere Realität.
2. Geist und Körper sind Teile des gleichen kybernetischen Systems und beeinflussen sich wechselseitig.
3. Viele Verhaltensmöglichkeiten sind wichtig, weil ein System immer von dem Element kontrolliert wird, das am flexibelsten ist.
4. Ein Mensch funktioniert immer perfekt und trifft stets die beste Wahl auf der Grundlage der für ihn verfügbaren Informationen.
5. Jedem Verhalten liegt eine positive Absicht zugrunde, und es gibt zumindest einen Kontext, in dem es nützlich ist.
6. Das Ergebnis von Kommunikation ist das Feedback, das der Einzelne bekommt; Fehler oder Versagen gibt es nicht.
7. Kann ein Mensch lernen, etwas Bestimmtes zu tun, können es

grundsätzlich alle Menschen.

8. Menschen verfügen über alle Ressourcen, die sie brauchen, um eine von ihnen angestrebte Veränderung zu erreichen.

Die Körpersprache ist demzufolge sehr eng mit NLP verbunden. Verschränkte Arme zeigen die Verschlossenheit auf. Eine gerade und aufrechte Körperhaltung zeigt, Sie sind stolz und souverän. Genau das müssen auch Sie im anderen lesen können. Doch nicht nur das, auch Sie sollten sich erfolgsorientiert präsentieren. Sie wissen ja, jeder von uns kann still und heimlich die Körpersprache lesen. Nehmen Sie sich und andere stets wahr und lassen Sie sich somit auch nicht verleiten. Wer vorausschauend blickt, dem kann so schnell keiner das Wasser reichen. NLP bedient sich der Körpersprache und hat somit eine phänomenale Außenwirkung. Kommunikationstrainer setzen auf NLP, da es von Natur aus angeboren ist.

Führungskräfte sind nicht nur die geborenen Sprachgenies, sie beherrschen die Körpersprache perfekt. In der Mitarbeiterführung wird diese optimal eingesetzt, sie dient als Mittel zum Zweck. Des Weiteren können Führungskräfte die Warn- und Konfliktsignale anderer schneller erkennen. Dann heißt es schon im Vorfeld eingreifen und schlichten. Die Körperhaltung, Mimik und Gestik sind ihnen daher nicht fremd. Sie beschäftigen sich tagein, tagaus damit und halten außerdem den Betrieb in allen Belangen am Laufen. Sie stellen ein Bindeglied zwischen den Mitarbeitern und den Chefs dar. Das macht eine gute Führungskraft im Wesentlichen aus.

Heute stellen Betriebe Führungskräfte ein, da sie als eine Art Schutz dienen. Sie haben immer ein offenes Ohr, legen sich für ihre Mitarbeiter ins Zeug und fördern und fordern diese je nach Talent. Somit ist niemand allein, sondern Teil eines Ganzen. Die Körpersprache ist ebenfalls ganz ihr Metier. Bei Konfliktsignalen heißt es hinschauen, nachfragen und handeln, abwarten macht dabei wenig Sinn. Für viele sind sie der Fels in der Brandung. Chefs haben dann mehr Zeit für die wichtigen Geschäfte. Unser Körpersprachecode ist einfach zu knacken, wenn man ihn denn kennt. Wir Menschen reagieren sofort über die Körpersprache und das kann zu brodelnden Konflikten führen. Hier greifen die Führungskräfte sinnvoll ein. Meetings und ein Mitarbeitergespräch zeigen die Defizite auf. Daher sollten diese Kräfte immer am Ball bleiben.

Teams müssen zusammenhalten, komme was wolle, und genau das ist das Ziel. Sitzt man in einer Mitarbeiterkonferenz, fällt dem geübten Auge schnell das Zusammenspiel der Mitarbeiter auf. Wer mag sich und wer ist sich nicht wohlgesonnen? Das sagt alleine schon die Sitzhaltung zueinander aus. Eine Führungskraft benötigt dafür keine Worte, da reicht schon ein Blick aus. Somit sind diese Defizite und Reibereien schnell wieder geklärt. Ein Mitarbeiter muss Leistung bringen und nicht zum Streiten antreten.

Da die Körpersprache die ehrlichste Verständigungsweise ist, ist sie auch ein sehr machtvolles Führungsinstrument. Über sie präsentieren wir uns und sie spiegelt unsere Persönlichkeit wider. Im Beruf wird mehr über die Körpersprache als über die Stimme ausgemacht und ebenso auch verhandelt.

Möchten Sie eine gute Führungskraft sein und Ihre Mitarbeiter menschlich leiten, dann müssen Sie deren Körpersprache gut verstehen. Zudem verstecken sich manche hinter ihrer Fassade. Doch auch die können Sie schnell und einfach aufdecken, damit eine ehrliche und offene Kommunikation im Büro stattfindet. Lassen Sie es daher nicht so weit kommen, dass Konflikte entstehen, sondern lesen Sie Ihre Mitarbeiter, sie sprechen nonverbal mehr, als Sie sich vorstellen können. Lassen Sie sich dabei nicht in die Karten schauen und gehen souverän und gelassen vor.

Mimik

Kann Ihnen ein Mitarbeiter nicht mehr in die Augen sehen, hat er etwas zu verbergen. Vor allem, wenn die Mundpartien zusammengekniffen sind und Ihnen ein müdes und aufgesetztes Lächeln begegnet.

Abstand

Achten Sie bei Ihren Mitarbeitern darauf, wie viel Abstand die jeweiligen zueinander halten. Wer kehrt wem den Rücken zu und wer kann den anderen nicht riechen? Ein Team sollte immer eine Einheit bilden, dafür haben Sie zu sorgen. Eine gute Beobachtungsgabe kann hier sehr von Vorteil sein.

Gestik

Kleben die Hände am Körper, deutet das auf eine Kontrollhaltung hin. Wirkt man starr und steif, ist einem nicht wohl bei der Sache. Die vielen kleinen Einzelheiten weisen darauf hin, dass hier etwas nicht mit rechten Dingen zugeht.

Körperhaltung

Kommt jemand schlürfend und mit gebückter Körperhaltung zu Ihnen, hat er sicher Mist gebaut. Da bedarf es nicht vieler Worte, das Übel ist schon von Weitem zu sehen.

Tonfall

Kommt die Stimmmelodie beim Übeltäter nicht in Schwung, verbirgt er diese hinter lautem Räuspern, Seufzen und Stöhnen. Hier sollten Sie mal genauer nachhaken.

Führungskräfte sind daher sehr gefordert und dürfen sich nicht so einfach täuschen lassen. Tarnen und Täuschen stehen an der Tagesordnung. Beherrschen Sie die Körpersprache, macht Ihnen keiner ein X für ein U vor. Unstimmigkeiten und Streitereien werden durch eine Konflikt-Vita jedes Einzelnen festgehalten und in einem Meeting aufgezeigt. Dafür sind die Mitarbeitergespräche da. Sie dienen als Redner, Streitschlichter, als Leser der Körpersprache und jonglieren mit der Redekunst der Rhetorik. Sie müssen hin und wieder manipulieren, damit Sie die Mitarbeiter auf Erfolgskurs bringen. Zudem müssen Sie überzeugend sein und einen charismatischen Menschen darstellen. Dann sind Sie perfekt für die Position als Führungskraft geeignet.

Die Körpersprache ist ehrlich und ehrlich währt am längsten, also wenden Sie diese tagtäglich an. Mit ihr erhalten Sie eine ganz spezielle Wirkungskompetenz und werden auch ohne Ausnahme akzeptiert. Nicht immer sind Worte treffend, die Körpersprache schon. So sind Sie hoch angesehen und werden auch verstanden. Sie stellen eine Vorbildfunktion dar und die verdient den nötigen Respekt und Anerkennung. Seien Sie dabei souverän und menschlich, das ist ein äußerst gutes Zusammenspiel. Denn Ihrem Körper glaubt man – die Zunge kann Lügen, das wissen Sie auch.

Tipps für eine gute Führungskraft

- Gehen Sie immer offen und ehrlich mit Menschen um.
- Lesen Sie die Menschen erst, bevor Sie agieren.
- Führen Sie Einzelgespräche, nicht jeder fühlt sich in der Gruppe wohl.
- Gehen Sie auf Stärken wie auf Schwächen der anderen ein.
- Loben und tadeln Sie.
- Bringen Sie das Prinzip der Körpersprache mit in die Firma ein.
- Manipulieren und motivieren Sie.
- Seien Sie mit der Rhetorik per Du.
- Wenden Sie NLP an.

Das und noch vieles mehr macht eine gute Führungskraft aus und Sie möchten sicher eine davon sein. Sie wissen sicher selbst, wie einfach und schnell man Menschen manipulieren oder sie auch demotivieren kann. Da gehört nicht viel dazu. Die Körpersprache sagt dies ehrlich aus. Ihre Aufgabe ist es, die vielen kleinen Fallen zu beseitigen. So erhalten Sie begeisterte Mitarbeiter, was sich in deren Leistung und dem Gewinn widerspiegelt. Reagieren Sie daher immer sofort und handeln Sie nicht erst im Nachhinein, das macht eine gute Führungskraft aus. Wählen Sie eine offene Kommunikationskultur und binden die Körpersprache mit ein. Dann spricht Ihr Team ein und dieselbe Sprache. Wer führen und leiten kann, der ist ein Menschenversteher und dem wird mehr Achtung und Respekt gezollt. Diese Menschen kennen ihre Mitarbeiter in- und auswendig. Wer die Körpersprache beherrscht, der versteht sein Geschäft. Genau das macht einen guten Geschäftsmann in der heutigen Zeit aus. Andere lesen zu können und nicht nur das Zuhören als Mittel der Wahl sehen, denn die nonverbale Kommunikation war vor der verbalen Kommunikation da.

Selbstverständlich dient die Körpersprache nicht nur dem beruflichen Erfolg. Sie kommt auch im privaten Bereich gut an. Das kann unter Freunden sein, in der Beziehung und wenn einen Amors Pfeil treffen soll. Es braucht keine Worte, um sich zu verstehen.

Fangen wir bei der Partnersuche an. Manchmal ist es wie verhext, wir sind auf der Suche, geben uns alle Mühe und dennoch passiert nichts. Die Verzweiflung steht einem dann ins Gesicht geschrieben. Die Körperhaltung spricht Bände und am Ende gehen wir am Abend wieder mal leer aus. Doch was ist passiert? Wurde das Gegenüber tot gequatscht, betatscht oder hat man gar all seine Benimmregeln über Bord geworfen? Nein, es kommt noch schlimmer, die Körpersprache widersprach einfach den Worten. Wir müssen immer eins mit uns sein und nicht sagen, du, ich finde dich umwerfend, und den Blick zwei Stühle weiter walten lassen.

Sicher ist man aufgeregt und auch das kann man so wunderbar an der Körperhaltung ablesen. Manche wirken fast schon bewegungslos und verkrampfen sich. So kann kein lässiges und ungezwungenes Date entstehen. Daher machen Sie sich interessant, arbeiten an Ihrer Ausdrucksweise und lernen, die Körpersprache zu verstehen. Das erspart so manche Peinlichkeiten und Fettnäpfchen. Bitte laufen Sie nicht wie mit einem Schild versehen „Wer will mich?" herum. Auch das kann man mit seinem Wesen und der Haltung ausdrücken. So nach dem Motto „Ich bin übriggeblieben und noch zu haben". Das törnt ehrlicherweise nicht gerade an.

Im privaten Bereich und gerade wenn man auf Partnersuche ist, sollte man vorher eine Inventur machen. Was will ich, wie gebe ich mich und wie beeinflusse ich den anderen? Seien Sie somit auch kein Porsche auf der Überholspur. Wichtig beim ersten Kennenlernen ist das Beschnuppern und nicht das Überrumpeln. Zudem achten Sie auf die

Signale des anderen. Was strahlt die Person aus und will sie mehr als ich?

Unser Unterbewusstsein arbeitet in solchen Situationen sehr gut mit und ist nicht immer steuerbar. Genauso wie unsere Körpersprache, die mehr als tausend Worte spricht. Achten Sie darauf, wer von Ihnen mehr den Blickkontakt sucht. Oder zeigt das Gegenüber schon die kalte Schulter? Viele Faktoren, die gerade bei einem ersten Kennenlernen einfließen. Wie unbemerkt unser Körper spricht, spiegelt sich an unserer Haltung, der Mimik und Gestik wider. Teileweise liegen wir wie ein offenes Buch da, obwohl wir natürlich etwas ganz anderes sagen.

Frauen und Männer gehen da so Ihre eigenen Wege und wollen doch nur eins: die Zweisamkeit statt die Einsamkeit genießen. Nehmen wir ein kleines Beispiel dazu. Zwei Freundinnen auf Männerfang sitzen in einer Bar. Es dauert nicht lange und der Traummann tritt herein. Jetzt heißt es cool bleiben und keine große Beachtung schenken. Sicher fliegt man vor Begeisterung fast vom Barhocker, dennoch hält man sich ganz dezent zurück. Sein Blick schweift ebenfalls belanglos in die Runde.

Die Körpersprache zeigt im ersten Moment an, null Interesse von allen Seiten. Doch nun kommt die N-N-Regel zum Einsatz. Da wäre Frau doch nicht Frau, würde sie jetzt nicht ihre Geschütze auffahren. Die Nase-Nabel-Regel bedeutet, immer mit dem vollen Körper zum Objekt der Begierde hindrehen. So haben Sie alles im Blick und umgekehrt auch. Ein Wort ist bisher noch nicht gefallen, Blicke aber schon.

Jetzt wird aber signalisiert, sprich mich an. Nun erweckt man Aufmerksamkeit und das auf eine dezente Art und Weise. Lasst den Mann nur machen, denn bei Interesse ist nun er am Start. Alleine die Sitzposition und Körperhaltung sprechen hier schon Bände. Männer sind ja bekanntlich die Jäger und Sammler und dürfen nun ihre Sinne walten lassen. Bis zu einem gesprochenen Wort agiert immer noch die Körpersprache und die erzählt viel von einem selbst. Ob unbewusst oder nicht.

Egal ob Mann oder Frau, in der Körpersprache sprechen sie eine Sprache.

Ein wortloses Kennenlernen, das dann in die heiße Phase geht, und zwar dann, wenn die ersten Worte fallen. Bis dahin ist es aber ein weiter Weg, den sich die Körpersprache ganz alleine bahnt. Achten Sie daher immer auf das, was nicht gesprochen wird, und ob Sie ankommen oder nicht. Das ist im Vorfeld schneller eruiert als gedacht.

Die Partnerschaft

Es ist nicht alles Gold, was glänzt, und hin und wieder fliegen mal die Fetzen. Das kommt in den besten Ehen vor. Wir denken, wir kennen uns in- und auswendig, doch dem ist nicht immer so. Das stellen wir häufig bei Trennungen fest.

Streiten wir uns und sind nicht einer Meinung, kommt ganz gezielt die Körpersprache zum Einsatz. Die signalisiert: Geh weg, lass mich in Ruhe, oder bringt auch Beschwichtigungssignale mit sich. All das ohne die besagten Worte, die verletzend sein können.

Wir lesen den anderen quasi ab und treten so in Kommunikation mit ihm. Wir reagieren auf seine Körpersprache und geben zudem kontra. In einer Partnerschaft können die Zeichen schon mal auf Sturm stehen. Dann sitzen zwei Menschen am Tisch und werfen sich gegenseitig ihr halbes Leben vor. Mit Worten, Blicken Gesten und letztendlich mit Taten.

Doch man ist sich auch sehr vertraut und drückt das in Gefühlen und einer sehr liebevollen Art und Weise aus. Man sieht sich an und weiß, man ist wie füreinander geschaffen. Ein Blick, der ohne Worte Gefühle hervorruft. Auch lassen die vielen kleinen Gesten den Alltag rosarot werden. Die Körpersprache spielt Amor und trifft mitten ins Herz. Nicht immer bedarf es der großen Worte, die Gesten reichen aus.

Die private Körpersprache ist vertrauter, inniger und intimer und wie für das Zwischenmenschliche gemacht. Man muss sie nur deuten können und der Himmel hängt voller Geigen. So hat man nicht nur im Beruf mitten ins Schwarze getroffen.

Die Familie

Auch hier kommt die Körpersprache perfekt zur Geltung, kennen wir sie doch von Kindesbeinen an. Sie ist uns vertraut, nur im Laufe der Zeit fremd geworden. Wir wenden sie aber ständig an, vor allem Kinder sagen viel mit ihrer Körpersprache aus. Sie sitzen im Kinderwagen, schauen grimmig, und schon wissen die Eltern, was Sache ist. Sie verschränken die Arme, wenn sie bockig sind, und stampfen mit dem Bein, wenn etwas nicht passt. Sie schütteln mit dem Kopf und spielen mit ihren Fingern. Jeder dieser Bereiche hat etwas mit dem Ausdruck zu tun. Wird die Körpersprache ignoriert, kommen die Stimmbänder dran und die haben es so manches Mal in sich. Gerade Kleinkinder laufen dabei zur Hochform auf.

Familien kommunizieren oftmals nonverbal, das fängt schon am frühen Morgen am Frühstückstisch an. Da werden die Augen verdreht, weil die Butter fehlt, und die Nase wird gerümpft, wenn es um die belegten Pausenbrote geht. All das findet ohne die besagte verbale Kommunikation statt. Dafür bietet sich die Körpersprache praktischerweise an.

Freunde

Freunde sind das Sahnehäubchen, die uns durch dick und dünn begleiten. Viele Gesten benötigen sie nicht, die verbale Konversation steht eher hinten an, denn man versteht sich ohne Worte und ist einfach füreinander da. Man wirft sich nur einen Blick zu und weiß schon Bescheid. Genau das macht diese wunderbaren Freundschaften aus. Man kann sich fallen lassen und muss sich niemals verstellen. Die Körpersprache mit den vertrauten Gesten wirkt sich fast schon heimelig aus.

Ein Mann, ein Wort – oder ist es eher die Körpersprache, die ihn ausmacht? Gesprochene Worte offenbaren oftmals nicht viel, da Männer eher einsilbig sind, gerade wenn es um Gefühle geht. Doch die Körpersprache ist da ganz anderer Meinung. Sie gibt sein Gefühlsleben buchstäblich preis. Demnach findet die Konversation nonverbal statt.

Häufig verraten wir uns unbewusst, da unser Gehirn automatisch auf Reize reagiert. Finden wir jemanden attraktiv, zieht er uns magisch an. Dafür ist das limbische System verantwortlich. Infolgedessen bringen wir Gefühle und Gedanken unbewusst und auch automatisch zum Ausdruck. Denken wir da an die Liebe auf den ersten Blick. Gesehen und gefunden und das mit allen Sinnen. Suchen musste man nach der Traumfrau oder dem Traummann nicht mal, sie oder er hat wie ein Blitz eingeschlagen. In unserem Körper werden demnach blitzschnell Reaktionen ausgelöst. Die legen sogar unser ganzes Gefühlsleben offen.

Worauf muss man demzufolge beim Herrn der Schöpfung achten, um seine Körpersprache entziffern zu können?

Mimik

Auch wenn man es nicht glauben mag, die Männer schauen zuerst auf das Gesicht beim Flirten. Dieses sagt Ihnen aus, ob Frau Interesse hat oder nicht. Bauch, Beine und Po sowie das Dekolleté sind beim ersten Blick noch Nebensache, folgen dann aber prompt. Ist der Mann vom Gesamtbild angetan und stimmt die Sympathie, spiegelt sich dieses Empfinden in einem längeren Blick, einem Zuzwinkern und einem Lächeln wider.

Dazu ein paar Tipps, wie eine erst nonverbale Kommunikation abläuft

- **Der lange Blick:** Er schaut einen immer wieder lange an, ohne den Fokus abzuwenden, und das auch sehr intensiv.
- **Der suchende Blick**: Er versucht immer wieder, Blickkontakt herzustellen, sobald man ihn anschaut. Außerdem wird man mit den Augen verfolgt.
- **Der kurz wandernde Blick:** Er schaut kurz in die Augen, mustert unauffällig den Körper und kehrt dann wieder zu den Augen zurück.
- **Der zwinkernde Blick:** Er baut Kontakt auf, zwinkert dann zu oder zieht kurz die Augenbrauen hoch und wartet die Reaktion der Gegenseite ab.

So zeigt ein Mann, dass er Interesse hat, und es läuft gerade am Anfang viel über die Mimik ab. Die Augen sind ein großer Bestandteil davon. Eine nonverbale Annäherung ohne Worte, die es in sich hat. Die kann ein Ausdruck von sexueller Anziehung sein. Nun kommt es ganz auf die Frau an, ob sie die nonverbale Kommunikation erwidert oder nicht. Wie man sieht, vermitteln wir recht unkompliziert Nachrichten, ohne dabei große Reden zu schwingen. Beim Flirt kommt diese Methode sehr gut und steht vor dem gesprochenen Wort. So kann man erst einmal die Sympathie walten lassen und sehen, wie die Flirtchancen stehen.

Männer wie Frauen gehen da gleichermaßen vor, verstehen sich ohne Worte und zeigen dies durch den ersten Blickkontakt auf. Die wenigsten Männer baggern Frauen mit abgedroschenen Flirtsprüchen an. Mit der Körpersprache baut man eine sinnliche Bindung auf, da würden Worte die Stimmung nur zunichtemachen.

Wie weiß man, ob ein Mann Interesse an einer Frau hat?

- **Zugewandter Oberkörper**: Während er spricht, richtet der Mann seine Körpersprache offen in die Richtung der Auserwählten.
- **Zur Seite geneigter Kopf**: Er hält den Kopf etwas schräg zur Seite

und schaut die Frau dabei unvermittelt an und unterhält sich.

- **Herumzupfen am Bart oder an der Kleidung:** Er streicht sein Hemd auffällig, aber häufig. Zudem fährt er mit seinen Händen durch sein Haar oder berührt seinen Bart. Das zeigt, die Begegnung lässt ihn keineswegs kalt.
- **Angespannte Muskeln**: Er verschränkt die Arme hinter seinem Kopf, präsentiert seine Muskelpracht und spannt seine Oberarme unauffällig an.
- **Wild gestikulierende Hände**: Im Gespräch unterstreichen seine Hände das Erzählte, und das zeigt die verbale und nonverbale Körperhaltung auf.
- **Geringer Körperabstand:** Er ist sehr nah und der Abstand Ihrer Körper verringert sich zunehmend. Mann und Frau kommen sich dabei immer näher.

Ein Mann, der an einer Frau interessiert ist, ist lebendig und offen und drückt dies deutlich aus. Er wendet sich der Angebeteten zu und spricht mehr mit dem Körper als mit Worten. Das macht den Reiz der ersten Begegnung aus. Er präsentiert sich und seine Männlichkeit, und wenn alles gut läuft, schmilzt sie dahin. Die nonverbale Kommunikation ist daher in jedem Bereich anwendbar. In der Liebe geht sie so manch eigene Wege. Schnell erreicht man die Aufmerksamkeit, die man mit Worten nur zerstören könnte, denn es fließt viel Energie in diesem Moment und die Gefühle schlagen Purzelbäume. Das könnte man mit Worten nicht so sinnlich wiedergeben. Zudem zeigt sein „Gehabe“ auf, ob er es ehrlich meint, und man kann so wunderbar in ihm lesen. Seine Körpersprache verrät auch kleine Geheimnisse und die machen das Ganze mehr als interessant.

Dennoch stimmt nicht immer die Chemie und auch das zeigt die Körpersprache offen und ehrlich an. Da kommt kein „Oh, ich kann später nicht“ oder „Ich habe Deine Nummer verlegt“. Der Körper lügt nie, er kann ja nicht einmal unsere Unsicherheiten verbergen. Man sieht sich und eine Seite empfindet sofort Sympathie für den anderen. Doch der andere starrt sein Handy an oder findet den Ausblick aus dem Fenster deutlich interessanter. Für die Frau heißt es dann, das war wohl ein Satz mit X. Das Gute daran, man wird mit keinen ablehnenden Worten konfrontiert, aber die Körpersprache spricht klar und deutlich.

Diese Zeichen der Ablehnung kann ein Mann mit der Körpersprache ins Rampenlicht stellen:

- **Verschränkte Arme vor dem Oberkörper**: Er baut eine körperliche Distanz zwischen sich und der Frau auf.
- **Er schaut über die Schulter zur Frau:** Er ist abgewandt, während er mit der Frau spricht, und dreht nur den Kopf über die Schulter weg.
- **Er weicht aus:** Der Fokus in der Körpersprache des Mannes liegt nicht auf der Frau. Er sucht während des Gesprächs keinen Augenkontakt, eher aber mit anderen. Zudem ist er unkonzentriert, spielt mit seinem Handy und stellt keine weiteren Fragen.
- **Er bewegt seinen Körper nicht:** Während der Unterhaltung steht oder sitzt er eher regungslos gegenüber und ist leidenschaftslos und gelangweilt.

Tipps für das erste Date

Das erste Date ist nicht nur sehr hilfreich, man kann den anderen sehr gut lesen und steigt mit in die nonverbale Konversation ein. Wie umarmt man sich, schaut man sich an und empfindet man die Nähe des anderen als angenehm? Gibt es Berührungsängste oder eher ein Küsschen auf die Wange?

Zeigen beide Seiten Interesse, entspannt sich sogleich die Körpersprache. Die Schüchternheit wird abgelegt und man kommt langsam ins Gespräch. Findet ein Mann eine Frau sympathisch, sollte man das Ausfragen geschickt angehen und es nicht wie ein Verhör. Frauen mögen umschwärmt werden und das mit Niveau, also fallen Sie nicht gleich mit der Tür ins Haus. Werden Sie auch nicht zu plump und berühren die Frau nicht. Am Anfang heißt es ein wenig Distanz wahren. Zufällige

Berührungen sind okay. Die Körpersprache vermittelt schnell, was Sache ist, daher sollten Männer nicht zur forsch sein.

Ein erstes Date ist ein Kennenlernen und Erforschen. Ist man ein zweites Date wert oder nicht? Meist spricht die Körpersprache mehr, und auf die kommt es letztendlich auch an, denn nicht immer fallen einem die passenden Worte ein. Wichtig ist auch, schaut man sich bei den Gesprächen auch in die Augen, oder schaut und redet man nur aneinander vorbei? Kann man die Körpersprache deuten, weiß man schon vorher, wie das Treffen seinen Verlauf nimmt.

Die Körpersprache des Mannes ist nicht anders als die der Frau. Sicher etwas mehr mit einem Machogehabe versehen, aber sehr gut zu verstehen. Sie werden bemerken, ob er seinen Charme walten lässt oder eher ablehnend wirkt. Meist haben Frauen einen siebten Sinn und ein gutes Gespür und machen sich bei einer ablehnenden Haltung nicht lächerlich, denn die ist sehr ehrlich gemeint.

Das erste Date hat es in sich, egal wie alt man ist – es stellt etwas ganz Besonderes dar und kann der Anfang einer großen Liebe oder Beziehung sein. Achten Sie auf die Signale des Körpers und schauen nicht nur seine sinnlichen Lippen an. Seine Worte müssen nicht immer ehrlich und aufrichtig sein. Die nonverbale Kommunikation spricht da schon eher für sich. Aber nicht nur Männer sprechen wortlos Bände, Frauen tun das auch, und so zeigen wir auch deren Körpersprache eindrucksvoll auf.

Wie kann man ihren Blick deuten und zeigt sie Interesse an mir? Diese Gedanken kreisen so manchem Mann durch den Kopf, wenn er seine Traumfrau sieht. Eine sehr große Rolle spielt die nonverbale Kommunikation beim Flirten. Frauen haben aber so einiges auf Lager, was Männer zu verstehen gibt, sie interessiert sich für mich.

Wie merke ich, ob eine Frau meine Gefühle erwidert?

Ob man sich sympathisch ist oder nicht, das wird innerhalb von Sekunden festgestellt. Findet man in einem Lokal eine Frau interessant und wirft ihr die bekannten Blicke zu, kann das so und so ausgehen. Entweder sie wendet sich ab und dreht den Rücken zu, oder aber sie wirft einen intensiven Blick zurück und antwortet mit einem verführerischen Wimpernaufschlag. Auch ein angedeutetes Lächeln oder eine Haarsträhne, langsam, aber sicher um den Finger gewickelt, kann ein Interesse aufzeigen. Das sind die unverkennbaren Signale einer Frau. Dafür muss man kein Profi sein, um diese lesen zu können. Die Natur hat uns die Körpersprache frei Haus mitgegeben. Die nonverbale Kommunikation, wie sie so klangvoll heißt, hat schon so manches Mal zwei Herzen zusammengebracht.

Sind wir uns nonverbal einig, kommt unsere Stimme zum Einsatz. Aber auch erst, wenn wir wirklich sicher sind. Der erste Schritt in Richtung Kennenlernen ist nun vollbracht. Diese Hürde der Körpersprache muss man erst einmal nehmen, bevor es an das Eingemachte geht. Nun tauchen viele Fragen auf, doch die Körpersprache ist immer mit im Spiel.

So merkt man dann sehr schnell als Mann, was die Körpersprache einem sagen will. Dazu muss man kein Hieroglyphendeuter sein. Man empfängt die Gesten und kann daraus lesen und auch Schlüsse ziehen. Fallen die ersten Worte, begibt man sich wieder auf sicheres Terrain.

Die Mimik

Ein Flirt beginnt auch bei der Frau im Gesicht, darauf fällt der Blick, und er kann sehr schnell herauslesen, welche Emotionen sich darin spiegeln: Freude, Ekstase, Wut, Trauer oder innige Gefühle. Hat er ihr Gesicht erfasst, arbeitet sich der Mann schrittweise vor. Dann fällt schnell auf, ob sie schüchtern, selbstbewusst oder taff ist.

- **Die Haut:** Vor allem das Erröten der Haut im Gesicht ist auf einen Blick erkennbar und ein unverkennbares Zeichen, das sich in der Körpersprache der Frau nur schwer verstecken lässt. Es zeigt auf, sie ist entweder aufgeregt, verschämt oder aufgewühlt und steht grundsätzlich für eine starke Emotion. Ebenfalls zählen das Schwitzen im Gesicht und häufiges Schlucken und Blinzeln zu den Auffälligkeiten, die eine Frau verraten.
- **Die Augen:** Ebenfalls ist auf die Augen zu achten. Sie stellen das Tor zur Seele dar und sagen viel über das Gefühlsleben aus.
- **Der intensive und lange Blickkontakt:** Die Frau schaut ohne Unterbrechung ganz tief in die Augen. Das kann ganz zu Anfang sein oder im Gespräch während des Austauschs von Fragen. Oder aber auch, wenn ein Mann an ihr vorbeigeht und sie ihn mit ihren Blicken fesseln möchte.
- **Der wiederkehrende Blick:** Sie schaut einen an, dann schaut sie wieder weg und schaut einen wieder an.

Es gibt noch weitere Indizien, die wortlos vonstattengehen

- **Der aufgerissene Blick**: Große, runde, leicht erschrockene Augen und dann kommt da noch der berühmte Augenaufschlag. Die wirkungsvolle Mimik, die von Frauen gerne eingesetzt wird, um die Männer zu umgarnen.
- **Geweitete Pupillen:** Wenn man miteinander spricht, werden die Pupillen größer, und das ganz unabhängig vom Licht.
- **Der Mund:** Neben den Augen ist auch der Mund besonders ausdrucksstark. Er muss keine Wörter preisgeben, sondern stillschweigend seinen erotischen Ausdruck zum Vorschein bringen.

- **Ein breites, offenes Lächeln:** Die Freude erreicht nun nicht nur die Augen der Frau. Es kommen zudem kleine Lachfalten zustande. Der Mund ist geöffnet und sie zeigt ihre Zähne. Das wiederum im positiven Sinne gemeint.
- **Auf der Lippe kauen:** Die Frau zieht ihre Unterlippe zwischen die Zähne. Die Augen sind leicht verschlossen und der Ausdruck spricht von purer Sinnlichkeit.
- **Die Lippen befeuchten:** Die Auserwählte leckt sich mit der Zunge über die Lippen.

Frauen erwecken in Männern oftmals den Beschützerinstinkt. Dennoch sind sie nicht das schwache Geschlecht. Denn Frauen stehen auch beim Flirten ihren Mann und zeigen durch die Körpersprache auf, was sie wollen oder nicht. Sie scheuen sich auch nicht, den ersten Schritt beim Kennenlernen zu machen. Frauen sind heute ein wenig emanzipierter als noch vor fünfzig Jahren. Dennoch ist das Annäherungsspiel, das mit der Körpersprache eng verbunden ist, eher mädchenhaft und verschämt ausgelegt. Vielleicht ist da auch ein wenig Taktik im Spiel, wer weiß das schon. Deuten Sie daher die Signale im Vorfeld ganz genau, bevor Sie sich auf eine eventuelle Niederlage einlassen. Auch wenn Männer die geborenen Jäger und Sammler sind, man muss mit der gewissen Muße und Geduld rangehen. Frauen möchten nämlich erobert und nicht übermannt werden.

Die Signale der Frau, die mehr sagen, als man denkt

- **Wildes Gebaren:** Im Gespräch unterstreichen die Hände das Erzählen und die Blicke des Mannes folgen ihnen.
- **Mit den Haaren oder dem Schmuck spielen:** Sie nestelt an ihren Ringen oder der Kette herum und zupft an ihrer Kleidung. Oder aber auch, sie wickelt sich eine Haarsträhne um den Finger.
- **Geringer Körperabstand:** Die Frau ist sehr nah und dringt dadurch in den intimen Bereich ein. Ohne Worte dafür mit der Körpersprache lässt sie den Abstand schwinden.
- **Zugewandter Oberkörper:** Während des Gesprächs dreht sie

ihren Oberkörper in Richtung Mann, die Arme sind nicht davor verschränkt. Das heißt, sie ist offen für alles.

- **Viele flüchtige Berührungen:** Beim Sprechen legt sie zwischendurch die Hand kurz auf sein Knie oder berührt ihn rein zufällig am Arm. Die flüchtigen Berührungen lassen tief blicken und schmeicheln sehr.
- **Überschlagene Beine:** Die Fußspitze des oberen Beines zeigt in Richtung Mann. Gleichzeitig streicht sie sich mit der Hand am Bein entlang und erzeugt somit die gewisse Aufmerksamkeit.

Frauen erregen meist durch lautes Lachen und lebendige Gesten Aufmerksamkeit. Das soll ihren Esprit und ihre Leidenschaft demonstrieren. Frauen verführen Männer nicht mit großen Worten, sondern mit ihrer Körpersprache, und rücken dem Mann schon mal auf die Pelle. Dieses Selbstbewusstsein steht Frau auch zu und sie lebt es aus.

Frauen haben gegenüber den Männern einen entscheidenden großen Vorteil: Sie bringen ihre Weiblichkeit und Schönheit ins Spiel. Die erotischen Reize, die Männer magisch anziehen. Attraktive Frauen fallen dabei sofort auf. Frauen zeigen mit ihrer Körpersprache klar und deutlich auf: Dich will ich und dich nicht. Das Heimchen am Herd hat eben ausgedient. Heute schlägt eher die geballte Weiblichkeit zu.

Doch Frauen können auch ganz anderes, nämlich dann, wenn der Mann, der sie anmacht, nicht ihr Typ ist. Der wird ganz ungeniert aus dem Beuteschema aussortiert. Das zeigt sie ohne große Worte, aber nonverbal auf. Bei der folgenden Körpersprache kann man sich nur noch wenig Hoffnung machen und das Date im Vorfeld begraben. Außer man möchte sich eine Abfuhr einholen.

- **Zynisches Lächeln:** Hier wird nur lapidar ein Mundwinkel nach oben gezogen, das Lächeln erreicht ihre Augen nicht. Es wirkt nicht freundlich und stellt eher eine Abwehrhaltung dar.
- **Zusammengepresste Lippen**: Ein verkniffener Mund steht für Anspannung oder auch Ablehnung und kann noch vieles mehr

bedeuten. Einladend ist es jedenfalls nicht.

- **Der Oberkörper wird weggedreht, die Arme davor verschränkt:** Sie baut eine Barriere auf und möchte den Körperkontakt auf keinen Fall.
- **Der Fokus liegt nicht auf dem Mann:** Sie blickt immer wieder weg und schaut in die Umgebung. Sie konzentriert sich beim Gespräch nicht und widmet sich allem zu, nur nicht dem Mann an ihrer Seite. Die Aufmerksamkeit sucht dieser vergebens.

Tipps für das erste Date

Das erste Date steht an, das ist in jedem Alter sehr spannend. Treffen zwei Menschen aufeinander, sprechen zwei Körpersprachen mit. Ein Küsschen, eine Umarmung, ein intensiver Blick werden sogleich erwidert. Die nonverbale Kommunikation, die ganz im Zeichen der Liebe steht. Man empfindet die Nähe des anderen als sehr angenehm.

Frauen möchten erobert werden, das war schon immer so. Dennoch hat sich das Blatt gewandet. Sie sprechen mit ihrer Körpersprache und den nicht gesagten Worten das aus, was sie denken. Sie lassen sich nicht so einfach um den Finger wickeln. Meist angeln die Frauen sich heute den Mann und nicht umgekehrt. Er denkt zwar, er habe, hat er aber nicht. Frauen haben da so ihre eigenen Techniken entwickelt.

Gehen Sie bei Frauen mit dem nötigen Respekt an die Sache und antworten Sie nonverbal auf ihre Körpersprache. Lesen Sie die Dame der Wahl, bevor Sie zum Angriff übergehen. Dann wird am wenigsten schiefgehen und Sie landen vielleicht sogar einen Volltreffer. Bedenken Sie, die Körpersprache ist die ehrlichste Art der Kommunikation. Wir drücken damit all unsere Gefühle aus und können sie nicht verbergen. Wie heißt es so schön, ein Blick sagt mehr als tausend Worte, und der Spruch „Schau mir in die Augen, Kleines" kommt auch nicht von ungefähr.

Flirten ist das eine, plump anmachen das andere. Doch bevor man zu Worten greift, sollte man den Körper erst mal machen lassen. Seine Sprache spricht Bände, die der andere ohne Punkt und Komma versteht. Wer flirtet nicht gerne, es versüßt den Tag und hebt die Stimmung. Ob es nun erst gemeint ist oder nicht, steht auf einem anderen Blatt geschrieben. Zumindest laufen die Endorphine, unsere Glückshormone, zur Hochform auf. Das Objekt der Begierde sendet aber leider das krasse Gegenteil aus, denn die Körpersprache macht jede Anmache in den Anfängen platt. Leider haben wir diese einfach übersehen, und so kommt es häufig im Leben vor, dass wir mehr auf die Worte hören, als die Körpersprache zu lesen. Auch Flirten will gelernt sein und das fängt mit der nonverbalen Konversation und dem Quäntchen Glück an. Achten Sie daher auf die vielversprechenden Signale, dann könnte aus einem Flirt ein wenig mehr werden. Also Augen und Ohren offenhalten und den Signalen wortlos folgen.

Signale, die sehr vielversprechend sind

- **Intensive Blicke:** Ohne den bekannten Blickkontakt kommt kein Flirt zustande! Die Kommunikation über die Augen ist unser Schlüsselgeheimnis. Meist entsteht beim Flirt nur so eine verbale Kommunikation. Demzufolge muss erst der Blickkontakt aufgebaut werden und dann einfach mal abwarten und Tee trinken. Wird der Blick erwidert, baut man langsam, aber sicher die Kommunikation auf. Aber bitte nicht mit den besagten Anmachsprüchen, sondern ein wenig individuell. Eine persönliche Note sollte schon gegeben sein.
- **Menschlicher Spiegel:** Häufig spiegeln wir bei Interesse die Körpersprache des anderen wider. Wir erwidern sozusagen die Blicke und beginnen die nonverbale Kommunikation. Tritt dieser Fall ein und man versteht sich auf Anhieb, wird vielleicht daraus mehr als nur ein Flirt werden.

- **Bestimmte Gesten:** Frauen spielen beim Flirt gedankenverloren mit ihren Haaren. Sie berühren sich aber auch am Hals und Handgelenk, und diese verdeckten Zeichen heißen, mach mich doch an. Somit sollte das Interesse des Mannes geweckt werden.
- **Die Körperhaltung:** Die Körperhaltung sagt so einiges aus und das nicht nur im Beruf. Beim Flirten ist es ebenfalls ganz einfach. Dreht jemand beim Gespräch den Oberkörper und die Knie zu Ihnen hin, dann kann es durchaus sein, das er offen dafür ist, den anderen besser kennenzulernen.
- **Erste Berührungen:** Wer seinen Flirt-Partner so rein zufällig immer wieder am Arm berührt, der zeigt ein deutliches Interesse.
- **Gemeinsames Lachen:** Was gibt es Schöneres, als den gleichen Humor zu besitzen. Da ist man sofort auf einer Wellenlänge und findet ein Thema und die Interessen, die beiden nicht fremd sind. Humor verbindet eben und das kann der Anfang einer neuen Liebe sein.

Welche Signale deuten auf eine Abfuhr hin?

- **Verspannte Körperhaltung:** Manchen ist die Anspannung buchstäblich ins Gesicht geschrieben und die Haltung wirkt eher etwas zusammengepresst. Die Person ist eher nicht an einem Flirt interessiert. Dann lieber die nötige Distanz wahren.
- **Kein wiederkehrender Blickkontakt:** Da kann man noch so oft nach drüben schauen, die Blicke werden einfach nicht erwidert. Man macht sich eher lächerlich und somit sollte man den Blickkontakt lieber einstellen. Ein Interesse besteht vonseiten des anderen leider nicht.
- **Abwehrhaltung:** Die Arme sind verschränkt und das Gespräch kommt nicht mehr auf Touren, denn der Flirt-Partner blockt mit seiner Körperhaltung sehr deutlich und unverkennbar ab. Das wird leider nichts mehr werden.
- **Große Distanz:** Bei Interesse an einem Partner rückt man sogleich näher zusammen. Besteht dieses Interesse aber nicht, so legt das Gegenüber auch keinen Wert auf ein näheres Kennenlernen.

Psychoeffekte unterliegen nicht nur den kryptischen Namen und sind Phänomene, sie sind ein wertvoller Teilbestand der Psychologie und werden Ihnen alphabethisch aufgezeigt. Sie sind kein Geheimnis, dennoch sollten Sie die Effekte griffbereit haben, denn sie stellen einen Wegweiser, Helfer und auch unser seelisches Befinden dar. Vielleicht ist Ihnen ja der ein oder andere Effekt bekannt. Immerhin ist es das Einmaleins der Psychologie.

- **Der Aha-Effekt** – er wird auch das Heureka-Erlebnis genannt und hat mit der Lösung des Problems zu tun. Es wird der Augenblick beschrieben, wenn man nach langem Grübeln eine Sache versteht oder die Lösung des Problems erkennt.

- **Der Ankereffekt** unterliegt einer Art Wahrnehmungsstörung. Unser Gehirn sucht nach Vergleichswerten, um z.B. den Wert einer Sache bemessen zu können. Eine völlig aus der Luft gegriffene Zahl als Bezugspunkt reicht dem Gehirn zur Not schon aus. Das haben die Psychologen Clayton R. Critcher und Thomas Gilovich bewiesen. Gäste eines Restaurants mit dem Namen „Studio 97" gaben darin durchschnittlich 8 Dollar mehr aus als die Gäste des Restaurants namens „Studio 17". So wurde der Ankereffekt ins Leben gerufen.

- **Der Assimilationseffekt** wird auch Angleichungseffekt oder Reflected-Glory-Effect genannt und kommt aus dem Marketingbereich. Dabei entsteht das sogenannte Co-Branding, was daraus resultiert, dass jemand ein Produkt besser bewertet, weil es mit einem (positiv besetzten) Produkt zusammen verkauft wird. Nehmen wir den alten Röhrenfernseher zur Hand, der vom digitalen Zeitalter übermannt wurde, steht der Röhrenfernseher in diesem Zusammenhang als positiv da. Immerhin hat er das Zeitalter des Fernsehens eingeleitet. Das machen auch Politiker so und man nennt es den Imagetransfer. Diese lassen sich in den Wahljahren zusammen mit den Gewinnern und anderen Sympathen ablichten. Demzufolge erscheinen sie in einem positiven Licht.

- **Der Barnum-Effekt** wird auch als der Forer-Effekt bezeichnet. Dabei geht es im Wesentlichen darum, dass Menschen eine Neigung dazu haben, gerade vage und allgemeingültige Aussagen über sich als zutreffende Beschreibung zu akzeptieren.

- **Der Begründungs-Effekt** wurde von den Psychologen Ellen Langer und Robert Cialdini entdeckt. Wir Menschen reagieren enorm auf Begründungen. Gerade das Wort „weil" zieht uns magisch an. Selbst wenn eine Begründung tautologisch und fadenscheinig ist, die Menschen machen das, was von ihnen zuvor verlangt wurde.

- **Der Broken-Windows-Effekt** wurde von dem Niederländer Kees Keizer zusammen mit Kollegen von der Universität von Groningen ins Leben gerufen. Dieser bedeutet nichts anderes, als wenn in einer Straße nur ein Haus mit ein paar zerborstenen Fensterscheiben steht, kann es nicht mehr lange dauern, bis der ganze Wohnblock verfällt.

- **Der Butterfly Effect oder** auch *Schmetterlings-Effekt* genannt unterliegt einer doch unrealistischen Theorie. Denn das Schlagen der Flügel eines einzigen Schmetterlings könnte einen Wirbelsturm auf der anderen Seite des Globus auslösen.

- **Der Bystander-Effekt** betrifft die Wahrscheinlichkeit, dass einem im Notfall geholfen wird, die aber mit steigender Anzahl der Umherstehenden abnimmt. Dies haben die Sozialpsychologen Latané und Darley untersucht und formulierten dazu einen Fünf-Stufen-Prozess. Diesen musste jeder Passant einmal durchmachen, bevor er einem Unfallopfer hilft. Daraus resultiere, dass auf jeder dieser Stufen andere Menschen ein zunehmendes Hindernis bilden.

- **Der Clooney-Effekt** – und jetzt kommt es – geht tatsächlich auf den gleichnamigen Schauspieler George Clooney zurück. Der Frauenschwarm legte sich am Comer See eine Ferienvilla zu und seither brummt auch der Immobilienmarkt am Lago Maggiore. Wie man sieht, ziehen Promis nicht nur magisch an, sie treiben auch die Immobilienpreise in die Höhe, dafür aber mit Promigarantie.

- **Das Dutch Admiral Paradigm** ist eine Art Zitierkartell und wird auch als Reputationseffekt bezeichnet. Wissenschaftler haben demzufolge mehrfach beobachtet, dass ein gegenseitiges Loben tatsächlich Karrieren beflügeln kann. Der Name des Effekts entstand durch zwei niederländische Kadetten. Sie schworen sich gegenseitig, bevor sie in den Krieg zogen, nur Gutes über die Taten des anderen zu berichten. Das zeichnete sie letztendlich auch aus, waren sie doch am Ende die jüngsten Admiräle der Niederlande.

- **Der Fischteicheffekt** bezeichnet sich auch als Big-Fish-Little-Pond-Effekt (BFLPE) und tritt gerade in Schulklassen auf, wenn Schüler in einer Klasse mit leistungsschwächeren Mitschülern eine höhere Lernmotivation entwickeln.

- **Der Framing-Effekt** zeigt, wie beeinflussbar wir wirklich sind. So ist nicht nur der Einfluss an sich zu sehen, sondern auch das Umfeld, das uns mit beeinflusst. Das beste Beispiel dafür ist das halbvolle Glas, das man je nachdem als halbvoll oder halbleer präsentieren kann. Demnach kann es das Gehirn als Gewinn oder Verlust verbuchen.
- **Der Gecko-Effekt** zeigt auf, dass nicht alles, was stark haftet, auch kleben bleibt. Geckos können mit ihren Füßen zwar überall

mühelos kleben bleiben, doch an ihren Füßen selbst haftet nichts.

- **Der Halo-Effekt** wurde von Edward Lee Thorndike entdeckt und beschreibt einen Wahrnehmungsfehler. Dieser Effekt kann einzelne Eigenschaften einer Person so dominant widerspiegeln, dass dies einen überstrahlenden Gesamteindruck erzeugt. So z.B. ist man besonders dick, wird man nur über seinen Körperumfang wahrgenommen. Was im Wesentlichen bedeutet, dass man damit willensschwach ist und nur in sich reinstopft. Manche von uns halten dicke Menschen auch für dumm und faul.

- **Der Hawthorne-Effekt** geht auf ein Experiment um 1924 in den Hawthorne-Werken der Western Electric in Cicero/Illinois zurück. Hierbei wollten die Forscher wissen, ob verbesserte Lichtverhältnisse die Produktivität bei Menschen steigern können. Was anfangs danach aussah, stellte sich als Flop heraus. Die Probanden arbeiteten nur besser, da sie wussten, dass sie beobachtet werden. Das Licht an sich hat demzufolge nichts mit unserer Schaffenskraft zu tun.

- **Der Jesaja-Effekt** ist aus den biblischen Prophezeiungen des Propheten Jesaja heraus entstanden und zeigt auf, dass solche Weissagungen unseren Blick auf die zukünftigen Folgen unserer heutigen Handlungen lenken. Trotzdem können wir es selber wählen, welches Schicksal uns widerfahren soll, das liegt genau in diesem Moment in unserer Entscheidungskraft.

- **Der Kennedy-Effekt** bedeutet nichts anderes als dass man mit Charisma zu Macht und Einfluss gelangt.

- **Der Kobraeffekt** ist ein Relikt aus der Zeit der britischen Kolonialherrschaft in Indien, denn dort herrschte eine Schlangenplage. Es wurde auf jede Kobra ein Kopfgeld ausgesetzt. Das Ende vom Lied: Die Inder züchteten die

Schlangen, um sie anschließend zu enthaupten und das Kopfgeld für sich abzukassieren. Darauf wurde die Prämie abgesetzt und die Leute ließen alle Kobras wieder frei und das Problem verselbstständigte sich mit einer noch größeren Plage.

- **Der Kuleshov-Effekt** wurde von dem sowjetischen Regisseur und Filmtheoretiker Lev Kuleshov entwickelt und als Erstes beschrieben. Da das Gehirn versucht, Bilder zusammenzufügen, wie bei einem Film, interpretieren wir sie nicht als neutral, denn wir beurteilen Menschen, die wir nicht kennen, in Sekundenschnelle.

- **Der Luzifer-Effekt** wurde nach dem Buch des US-Sozialpsychologen Philip Zimbardo benannt. Es geht um unsere finstere Seite und wie anfällig wir für Versuchungen sind. Dabei wurde ein Experiment vorgenommen, bei dem eine Gruppe freiwilliger Studenten zufällig in Wärter und Häftlinge aufgeteilt wurde, die dann in einem simulierten Gefängnis arbeiteten und lebten. Innerhalb nur einer Woche musste das Experiment abgebrochen werden, denn die Studenten verwandelten sich in brutale, sadistische Wärter bzw. emotional gebrochene Gefangene. Wie man sieht, ist der Mensch auch auf die sadistische Seite hin wandelbar.

- **Der Matthäus-Effekt** wurde in Anlehnung an ein berühmtes Zitat aus dem biblischen Gleichnis von den anvertrauten Talenten im Matthäus-Evangelium (Kapitel 25, Vers 29) eingeleitet: *„Denn wer da hat, dem wird gegeben werden, und er wird die Fülle haben; wer aber nicht hat, dem wird auch, was er hat, genommen werden."* Dies besagt, dass Glück und Erfolg anstecken.

- **Der McGurk-Effekt** geht auf den Entwicklungspsychologen Harry McGurk zurück. Er fand heraus, dass zu viele Sinnesinformationen unsere Wahrnehmung stören. Daraus entstehen dann eigenartige Realitäten, denn wir hören etwas anderes, da wir glauben, es zu sehen.

- **Der Obelix-Effekt** wurde tatsächlich nach dem gleichnamigen Gallier im Asterix-Comic benannt. Er musste stets neidvoll zusehen, wie sich seine Freunde beim Zaubertrank-Ausschank stärken. Er selbst bekam aber nichts ab, da er bereits als Kind in den Zaubertrankkessel gefallen und so ein Leben lang damit versorgt war. Dieser Effekt wurde auf den Büroalltag übertragen – und warum? Wer kennt es nicht, wenn einen die Kollegen nie fragen, ob man mit zum Mittagessen will.

- **Der Placebo-Effekt** ist sehr bekannt und beschreibt, dass Tabletten, die keinen Wirkstoff enthalten, trotzdem heilen können. Der Patient glaubt an die Wirkung darin, selbst wenn sie nicht vorhanden ist.

- **Der Pygmalion-Effekt** oder auch Rosenthal-Effekt wurde von den Psychologen Robert Rosenthal und Lenore Jacobson im Jahr 1968 beschrieben. Es geht im Wesentlichen darum, die Leistungs- und Lernkurve zu erhöhen. Dies entstand in den Anfängen so: In dem damaligen Versuch teilten sie Lehrern mit, dass diese aufgrund bisheriger guter Leistungen im kommenden Schuljahr eine Klasse übernehmen dürften und setzten diese aus den intelligentesten Schülern zusammen. Nach Ablauf des Schuljahres und der Studie waren diese Klassen tatsächlich besser als alle anderen. Doch die Psychologen hatten gelogen. Die Klassen waren lediglich eine reine Zufallsauswahl. Da die Schüler aber glaubten, zu den Besten zu gehören, und auch die Lehrer ihnen mehr zutrauten, stieg die Leistungs- und Lernkurve.

- **Der Rajkov-Effekt** geht auf den russischen Psychotherapeuten Vladimir Rajkov zurück, bekannt unter der „Methode des geborgten Genies“. So wurden Probanden von Rajkov in einen Zustand der Tiefenhypnose versetzt, und es wurde ihnen suggeriert, dass sie per Reinkarnation ein herausragender Kopf der Geschichte gewesen seien. Diese Menschen waren sogar in der Lage, deren Fertigkeiten zu entwickeln, die sonst weit über ihren eigenen lagen.

- **Der Reaktanzeffekt** beschreibt die psychologische Neigung von Menschen, Gruppen oder Organisationen, die sich gegen Entwicklungen wehren, aber auch, neuerlich verbotene Handlungen insgeheim oder offensichtlich auszuführen.

- **Der Rezenz-Effekt** wird auch als der *Primäreffekt* oder *Primacy-Recency-Effekt* bezeichnet und ist ein Kurzzeitgedächtnis-Phänomen. Was bedeutet, wir erinnern uns an jüngere Informationen besser als an ältere.

- **Der Ringelmann-Effekt** beschreibt Menschen in der Gruppe, die eine geringere Leistung erbringen, als aufgrund der summierten Einzelleistungen zu erwarten wäre. Es geht dabei um den Motivationsverlust und den daraus resultierenden Leistungsabfall, der in Gruppen interessanterweise entstehen kann.

- **Der Slashdot-Effekt** tritt auf, wenn etwa ein Eintrag in einem bisher kaum bekannten Blog von einer großen Webseite aufgegriffen wird. In Minuten entsteht ein enormer Besucherandrang, wo selbst der Server den Geist aufgibt. Die Seite wurde dann *geslashdottet*.

- **Der Streisand-Effekt** ist ein Phänomen im Internet und hat tatsächlich mit Barbra Streisand zu tun. Es geht dabei um den Versuch, negative Informationen über sich im Web zu entfernen. Das Resultat kann dazu führen, dass diese noch stärker verbreitet werden. Zitat dazu: Seinen Namen verdankt der Effekt Barbra Streisand, die den Fotografen Kenneth Adelman und die Webseite Pictopia.com auf 50 Millionen US-Dollar verklagte, weil dort eine Luftaufnahme ihres Hauses zwischen 12.000 anderen Fotos von der Küste Kaliforniens zu finden war. Adelman selbst behauptete, er habe das Anwesen am Strand fotografiert, um Küstenerosionen für das California Coastal Records Project zu dokumentieren. Der Journalist Paul Rogers bemerkte später, dass das Bild von Streisands Haus im Internet sehr beliebt war.

- **Der Valins-Effekt** beschreibt das Phänomen, dass körperliche Reaktionen, etwa ein erhöhter Puls beim Anblick eines Bildes, die Bewertung dieses Bildes beeinflussen können. So finden wir das Bild negativ oder positiv und das zeigen unsere Körpermerkmale an.

- **Der Veblen-Effekt,** auch *Snob-Effekt* genannt, ist ein Konsumeffekt. Er lässt sich gerade bei den sogenannten Prestige- oder Luxusgütern beobachten. Hier steigen der Preis und die Nachfrage.

- **Der Vorführeffekt** ist vielen von uns bekannt, denn genau dann geht es in die Hose.

- **Weihnachtseffekt** nennen Paarforscher das Phänomen, das in Fernbeziehungen regelmäßig für Spannungen sorgt. Beim Wiedersehen sind die Enttäuschungen vorprogrammiert, da jeder eine andere Vorstellung vom Treffen hat.

- **Der Werther-Effekt** beschreibt ein Nachahmungsphänomen. Wurde von einem Suizid berichtet, stieg die Zahl der Suizide. Zitat: Der Ursprung des Effektes geht auf den Goethe-Roman „Die Leiden des jungen Werthers“ aus dem Jahr 1774 zurück. Damals löste das Buch eine regelrechte Suizid-Epidemie unter jungen Menschen aus.
- **Der Zeigarnik-Effekt** geht auf die Psychologin Bluma W. Zeigarnik zurück. Sie stellte im Jahr 1927 fest, dass wir uns unbeantwortete

Fragen oder noch offene Aufgaben besser merken. Daher wird der Zeigarnik-Effekt auch schon mal *Cliffhanger* genannt.

- **Der Zero-Price-Effekt** beschreibt einen typischen Verkäufertrick. Dabei wird das Angebot mit einem vermeintlichen Lockvogel-Angebot gekoppelt. Der Online-Buchhändler Amazon, weiß wovon die Rede ist, denn ab einem bestimmten Bestellwert ist der Warenversand kostenlos.

Die psychologischen Effekte sind uns zum Teil angeboren und werden im Laufe des Lebens auch antrainiert. Daher wurden viele dieser Effekte erforscht und eruiert und Thesen und Fakten dazu aufgestellt. Nutzen Sie diesen Bereich ganz für sich, um Ihre Strategien und Ziele zu verwirklichen. Ebenso können Sie auch Menschen besser durchschauen. Jeder Effekt für sich zeigt ein sehr situationsbezogenes und sinnvolles Resultat auf. Manche dieser Effekte sind skurril, amüsant, interessant und zeigen die Tiefe unserer Seele auf.

Die Körpersprache – Die Kommunikation der Sinne

Treffen Menschen aufeinander, reden Sie miteinander, dabei fällt kein einziges Wort. Genau das macht die Körpersprache aus. Sicher wäre die Welt ohne die Worte nur halb so schön, drücken Sie doch das aus, was wir denken. Dennoch können wir uns dahinter sehr gut verstecken. Die Körpersprache hingegen reagiert sofort und das ohne Wenn und Aber. Wo uns manchmal die Stimme verlässt, spricht der Körper und diese wortlose Kommunikation kann im Beruf zum Volltreffer werden. Etliche Situationen rufen nonverbale Signale hervor. Das kann sich in der Enttäuschung, der Trauer, der Wut, dem Glück und in einer Überraschung zeigen. Auch die Angst tritt nonverbal hervor, erstarren wir doch vor Angst.

Im Berufsleben wurden die Körpersprache und ihre wertvollen Funktionen wiederentdeckt. Sozusagen eine Neuauflage, wenn man so will. Wir sprechen, ohne etwas zu sagen, und der Körper ist die Nummer eins dabei. Mit dieser Ausdrucksweise erreichen wir viel und das, ohne uns verbal mitzuteilen. Berufe verlangen so einiges ab und wir reden uns manchmal um Kopf und Kragen. Doch warum nicht mal nonverbal auftreten? Die Kommunikation der Sinne, die die Menschen in ihren Bann zieht. Wer die Körpersprache entschlüsseln kann, der hat gewonnen und macht sich diese Fähigkeit zunutze, und das im privaten wie geschäftlichen Bereich. Die Körperhaltung, die Mimik, Gestik und der Tonfall runden das Bild ab. Die Körpersprache ist ein Relikt aus vergangenen Tagen und hilft uns heute mehr denn je. Sie gehört zum guten Stil und wir kommunizieren nonverbal. So ist z.B. das Lächeln ein universales Körpersignal, das versteht jeder auf dieser Welt. Andere Signale des Körpers sind wiederum kulturspezifisch und regional. Ein Body-Code der Extraklasse, denn mit der Körpersprache heben wir uns hervor. Lassen auch Sie sich von dieser Art der Kommunikation überraschen.

Jeder Mensch sollte das Distanzbedürfnis des anderen respektieren. Demnach gibt es die verschiedenen Distanzzonen.

Besondere Distanzzone

Diese gilt den hochrangigen Personen. Bei Audienzen werdend diese festgeschrieben und Protokolle herausgegeben, welche Distanzen vorgeschrieben sind.

Intime Distanzzone

Bei uns in Mitteleuropa geht man von einer Distanzzone von 50 cm aus. Dabei spricht man von einer Intimzone.

Persönliche Distanzzone

Damit wir uns bei Gesprächen nicht bedrängt fühlen, benötigt es um uns herum gute 1 bis 1,5 m. Dieser Persönlichkeitsraum bietet Schutz und Sicherheit.

Öffentliche Distanzzone

In der Öffentlichkeit benötigen wir am meisten Raum für uns. So sollten es nach vorne wie nach hinten 3 m sein. Dies ist leider nicht in allen Bereichen so, wenn man an die vollen Busse und Bahnen denkt.

In vielen anderen Kulturen schreiben deren Religionen und Gesetze die Distanz vor. Distanz wahren hat im Allgemeinen etwas mit dem nötigen Respekt zu tun. Daher immer die unsichtbaren Grenzen einhalten, die auch wir gerne hätten.

Die Körpersprache ist so alt wie die Menschheit und galt mit zur Verständigung. Lautlos kommunizieren und sich dennoch mitteilen war schon damals angesagt. Heute benutzen wir die nonverbale Kommunikation im Beruf, um erfolgreich zu sein und um uns zu präsentieren. Ganz ohne Worte versteht sich. Menschen mit diesem Talent haben es schon weit gebracht. Um auch Ihnen die Möglichkeit zu geben, steht Ihnen dieses Buch mit vielen interessanten Themenbereichen parat. Ein Ratgeber für die, die im Beruf weiterkommen wollen und sich neu definieren möchten. Denn der erste Eindruck zählt.

Was machen wir richtig und was machen wir falsch und können wir den anderen überhaupt lesen? Die Körpersprache unterliegt somit dem stillschweigenden Geheimcode. Er ist sozusagen der Schlüssel zum Erfolg. Genau den brauchen Sie, um im Leben weiterzukommen und das auf allen Gesellschaftsebenen.

Wer sich verändert, verändert seine Welt und geht neue Wege, heißt es. Lernen Sie, mit der Körpersprache einen Mehrwert nonverbal zu kommunizieren. Wie kann ich mit dem Chef verhandeln, steigere ich damit meinen Marktwert und präsentiere ich mich in Meetings besser?

Finden Sie es heraus und folgen Sie den nonverbalen Zeichen der Zeit. Denn die ist auf die lautlose Verhandlungsbasis eingestellt.

Zeitgemäße Kommunikation baut Brücken zwischen den Parallelwelten der Generationen. „Welcome in our Chatroom!" bringt für die Hausfrau und Mutter bessere Einspielergebnisse als „Wie oft soll ich denn noch sagen, dass das Frühstück fertig ist."
KarlHeinz Karius (*1935), Urheber, Mensch und Werbeberater
Quelle: Karius, WortHupferl-Edition, WortHupferl-Verlag

Von ihm konnte man den aufrechten Gang lernen – und was es bedeutet, in der Kommunikation Rückgrat zu zeigen.
Nachruf

Die Welt ist nicht schlechter geworden; wir haben nur ein besseres Kommunikationsnetz.
Ken Hubbard (1868 – 1930), auch Kin, eigentlich Frank McKinney, US-amerikanischer Humorist und Karikaturist

Auf der Jagd nach Erfolg, Geld und Kommunikation war ich heute Morgen einen Moment lang glücklich ... als ich das Singen der Vögel hörte.
Damaris Wieser (*1977), deutsche Lyrikerin und Dichterin

Wenn ich mir die Unfähigkeit der Menschen anschaue, von Angesicht zu Angesicht zu kommunizieren, überlege ich ernsthaft, in Telekomaktien zu investieren.
Damaris Wieser (*1977), deutsche Lyrikerin und Dichterin

Alle Kommunikation ist notwendig banal durch ihre Unmöglichkeit.
Peter Rudl (*1966), deutscher Aphoristiker

Kommunikations-Zweifel

Ein Mensch sitzt fern vom Ort der Tat,
An dem ein Mensch Geburtstag hat.
Ob E-Mail oder Telefon,
Der Mensch denkt, „ich erreich' ihn schon“.
Doch ein, zwei Tage vor dem Tag,
An dem der Mensch Geburtstag hat
Beschleichen ihn schlicht erste Zweifel,
Dass er vielleicht ihn nicht erreiche.
Der Mensch der Technik doch misstraut,
Und deshalb hat er vorgebaut,
Am Schreibtisch einen Brief geschrieben,
Und der beginnt mit Grüßen, lieben,
Zum hochverdienten Ehrentag,
An dem der Mensch Geburtstag hat.
Und endet schließlich hoffnungsvoll,
dass er ihn auch erhalten soll.
So hat er also doch geschrieben,
Dass Zweifel ihm auch hiergeblieben.

Doch diese waren unbegründet,
Denn als das Telefon geklingelt,
Bedankt sich artig der Bedachte,
Von Mensch zu Mensch, dass man ihn achtet.
Wolfgang (WoKo) Kownatka (*1938), deutscher Luftwaffen-Offizier, NATO-Pressestabsoffizier, Bankkaufmann, freier Journalist und Aphoristiker

Die Kunst
richtig miteinander zu kommunizieren
ist wie laufen lernen
man fällt so oft auf die Nase
bis man liebevoll
an der Hand genommen wird
Wilma Eudenbach (*1959), deutsche Publizistin

Die visuelle Kommunikation verkommt mehr und mehr zur visuellen Komplikation.
Carlo Krueger (*1970), Kommunikationsdesigner, Hamburg

Wirkliche Kommunikation lässt uns nachempfinden, was andere empfanden, auch wenn sie tausende von Kilometern von uns entfernt und Jahrhunderte vor uns lebten. Es ist nicht wahr, dass wir nur ein einziges Leben haben; wenn wir zu lesen imstande sind, können wir so viele und so verschiedene Leben haben, wie wir nur wollen.
Unbekannt

Schon längst hat sich die Kommunikation von den Inhalten emanzipiert.
Unbekannt

Die modernen Telekommunikationsgeräte wie das Fax haben nichts schneller, sondern nur hektischer gemacht.
Unbekannt

Bürokommunikation:
Wo Schlaf in "Äktschen" sich verwandelt,
der Manager nun effektiver handelt,
wo rundum alles richtig läuft,
sich niemals mehr die Arbeit häuft,
da wirkt was wohl? ...
Der Fachmann weiß es schon ...
... Bürokommunikation
Unbekannt

Kommunikation dient dem Ich.
Jens Wildenhain

Fast jede Kommunikation ist
eine Kette von Missverständnissen.
Friedrich Löchner (1915 - 2013), Pseudonym: Erich Ellinger, deutscher Pädagoge, Dichter und Autor

Sprechen und Hören ist Befruchten und Empfangen.
Novalis (1772 - 1801), eigentlich Georg Philipp Friedrich Leopold Freiherr von Hardenberg, deutscher Lyriker
Quelle: Novalis, Fragmente. Erste, vollständig geordnete Ausgabe hg. von Ernst Kamnitzer, Jess Verlag, Dresden 1929. Romantische Noten

Wahre Mitteilung findet nur unter Gleichgesinnten, Gleichdenkenden statt.
Novalis (1772 – 1801), eigentlich Georg Philipp Friedrich Leopold Freiherr von Hardenberg, deutscher Lyriker
Quelle: Novalis, Fragmente. Erste, vollständig geordnete Ausgabe hg. von Ernst Kamnitzer, Jess Verlag, Dresden 1929. Bruchstücke philosophischer Enzyklopädistik

Eine perfekte Kommunikation kann stattfinden, wenn davon alle Individuen ausgeschlossen werden.
Norbert Simon (*1963), IT-Spezialist und Lebenskünstler

Wir haben in Deutschland zwar ein Reinheitsgebot für Bier, aber nicht für die Massenkommunikation.
Johannes Dyba (1930 – 2000), deutscher Bischof, zeitweilig Nuntius des Vatikans in Holland, Argentinien und Zaïre

Wenn einer nicht mehr mit dir redet, dann will er damit etwas sagen.
Joachim Panten (1947 - 2007), deutscher Aphoristiker und Publizist

Das Warenhaus

Palmström kann nicht ohne Post
leben: Sie ist seiner Tage Kost.
Täglich dreimal ist er ganz
Spannung. Täglich ist's der gleiche Tanz:
Selten hört er einen Brief
plumpen in den Kasten breit und tief.

Düster schilt er auf den Mann,
welcher, wie man weiß, nichts dafür kann.
Endlich kommt er drauf zurück,
auf das: »Warenhaus für Kleines Glück.«
Und bestellt dort, frisch vom Rost
(quasi): ein Quartal – »Gemischte Post!«
Und nun kommt von früh bis spät
Post von aller Art und Qualität.
Jedermann teilt sich ihm mit,
brieflich, denkt an ihn auf Schritt und Tritt.
Palmström sieht sich in die Welt
plötzlich überall hineingestellt ...
Und ihm wird schon wirr und weh ...
Doch es ist ja nur das – »W. K. G.«
Christian Morgenstern (1871 – 1914), deutscher Schriftsteller,
Dramaturg, Journalist und Übersetzer

Man kann vieles als so scharfe Axiomen sagen, wodurch durch ein Leben gehandelt worden und werden soll, wenn's recht geht, und welche unmöglich gerade bei Anlass des Gesprächs können erfunden sein und werden – und die es doch sind.
Jean Paul (1763 – 1825), eigentlich Johann Paul Friedrich Richter,
deutscher Dichter, Publizist und Pädagoge

Wir danken Ihnen für Ihr Interesse und Ihr Vertrauen. Als Dankeschön dafür, haben wir eine besondere Überraschung. Wir haben ein **exklusives 30-Tage-Tagebuch für mehr Selbstbewusstsein** für Sie. Und dieses erhalten Sie vollkommen kostenlos. Das klingt wunderbar? Dann warten Sie nicht lange und holen Sie sich Ihr Gratis-Geschenk.

Hier geht es zu Ihrem Gratis-Geschenk:

https://forms.gle/1FgoVRPyfmn7Pd7E7

1. **Öffnen Sie die Kamera-App auf Ihrem Smartphone und richten Sie die Kamera auf den QR-Code.**
2. **Klicken Sie auf den Link, der Ihnen angezeigt wird und schon werden Sie zur Website weitergeleitet.**

Impressum

Herausgeber: Pegoa Global Media GmbH / Am Sandtorkai 27 / 20457 Hamburg
Kontakt: kontakt@pegoamedia.de
Coverbild: Shutterstock

Haftungsausschluss:
Die Nutzung dieses Buches und die Umsetzung der enthaltenen Informationen, Anleitungen und Strategien erfolgt auf eigenes Risiko. Der Autor kann für etwaige Schäden jeglicher Art aus keinem Rechtsgrund eine Haftung übernehmen. Haftungsansprüche gegen den Autor für Schäden materieller oder ideeller Art, die durch die Nutzung oder Nichtnutzung der Informationen bzw. durch die Nutzung fehlerhafter und/oder unvollständiger Informationen verursacht wurden, sind grundsätzlich ausgeschlossen. Rechts- und Schadenersatzansprüche sind daher ausgeschlossen. Dieses Werk wurde sorgfältig erarbeitet und niedergeschrieben. Der Autor übernimmt jedoch keinerlei Gewähr für die Aktualität, Vollständigkeit und Qualität der Informationen. Druckfehler und Falschinformationen können nicht vollständig ausgeschlossen werden. Es kann keine juristische Verantwortung sowie Haftung in irgendeiner Form für fehlerhafte Angaben vom Autor übernommen werden. Die bereitgestellten Analysen, Vorschläge, Ideen, Meinungen, Kommentare und Texte sind ausschließlich zur Information bestimmt und können ein individuelles Beratungsgespräch nicht ersetzen. Alle Informationen dieses Buches entsprechen dem Kenntnisstand zum Zeitpunkt des Verfassens dieses Buches. Eine Haftung für mittelbare und unmittelbare Folgen aus den Informationen dieses Buches ist somit ausgeschlossen.
Informieren Sie sich weitläufig aus unterschiedlichen Quellen und bedenken Sie, dass am Ende nur Sie für die Entscheidungen verantwortlich sind.

Haftung für externe Links:
Unser Angebot enthält Links zu externen Websites Dritter, auf deren Inhalte wir keinen Einfluss haben. Deshalb können wir für diese fremden Inhalte auch keine Gewähr übernehmen. Für die Inhalte der verlinkten Seiten ist stets der jeweilige Anbieter oder Betreiber der Seiten verantwortlich. Die verlinkten Seiten wurden zum Zeitpunkt der Verlinkung auf mögliche Rechtsverstöße überprüft. Rechtswidrige Inhalte waren zum Zeit-punkt der Verlinkung nicht erkennbar.